全民健身计划系列丛书

徒手健身运动

王世涛　刘　洋／编著

吉林出版集团股份有限公司
全国百佳图书出版单位

图书在版编目（C I P）数据

徒手健身运动 / 王世涛, 刘洋编著. -- 长春 : 吉林出版集团股份有限公司, 2021.1（2021.10重印）
（全民健身计划系列丛书 / 王晓亮主编）
ISBN 978-7-5581-9519-8

Ⅰ.①徒… Ⅱ.①王… ②刘… Ⅲ.①健身运动—基本知识 Ⅳ.①G883

中国版本图书馆CIP数据核字(2020)第251778号

TUSHOU JIANSHEN YUNDONG

徒手健身运动

王世涛　刘　洋　编著

责任编辑　田　璐　朱万军
封面设计　张振东
版式设计　吉林国艺图书有限公司
责任印刷　王　起

出　　版　吉林出版集团股份有限公司
发　　行　吉林出版集团青少年书刊发行有限公司
地　　址　长春市福祉大路 5788 号
邮政编码　130118
电　　话　0431-81629800
传　　真　0431-81629812
印　　刷　永清县晔盛亚胶印有限公司
版　　次　2020 年 4 月第 1 版
印　　次　2021 年 10 月第 2 次印刷
字　　数　100 千字
开　　本　720mm × 1000mm　1/16
印　　张　8
书　　号　ISBN 978-7-5581-9519-8
定　　价　36.00 元

全民健身计划系列丛书

前　言

党的十九大报告指出："广泛开展全民健身活动，加快推进体育强国建设。"当全民健身上升为国家战略后，日常参与健身的人群将日益扩大，大家将以各种方式强健体魄，获得感和幸福感油然而生。

面对这样可喜的局面，吉林出版集团股份有限公司青少年书刊出版发行事业部和吉林体育学院编写组共同策划、编写了"全民健身计划系列丛书"。

"全民健身计划系列丛书"能够顺应国家有关体育的大政方针，把握时代脉搏，对指导大众健身有很好的促进作用。丛书图文并茂，实用性强，力争有所创新，包括球类运动、体操健身运动、传统武术、体育舞蹈、休闲运动、格斗运动和民间体育活动等项目，通过高清图片分解健身步骤，使读者用简单易行的锻炼方式达到良好的健身效果。读者在学习的过程中，不仅能够掌握运动健身的方法，还能够学到保健方面的基本知识。

吉林体育学院的老师作为专业的体育工作者，把高等院校的理论资源转化为实践成果，使"全民健身计划系列丛书"更加具有权威性、科学性、实用性，也更贴近健身人群的需求。

希望本丛书能为社会各界热爱健身的人士提供指导与帮助。

目　录

1 第一章 概述

徒手健身运动是根据人体的生理功能和解剖特点，针对个人体质和体形的不同情况，按照科学原理进行的系统的身体锻炼。通过锻炼，练习者能够提高柔韧性、灵敏性、协调性、速度和力量等，达到改善神经系统、强健肌肉和骨骼的目的。

第一节 起源与发展

徒手健身运动是从健美操运动和健美运动派生出来的体育运动项目，它属于传统有氧健身运动的一种，采用徒手的方式进行练习。

一、起源

徒手健身运动是在氧供应充足的情况下，以人体有氧系统提供能量的运动形式。

最早提出有氧运动概念的是美国国家航空航天局医生肯尼斯•库珀博士。他经过多年的研究与探索，创造了闻名世界的“有氧运动法”。肯尼斯•库珀指出，有氧运动能够通过耐力运动改善血液循环系统和呼吸系统，提高心肺功能，使全身各个组织和器官都得到良好的氧气和营养供给，维持身体最佳的功能状态。

1971 年肯尼斯•库珀成立了一家集医疗、科研和健身俱乐部于一体的有氧运动中心。目前，在全世界流行的“12 分钟跑体能测试”“有氧运动记分系统”等都是由他推出的，人们称他为“有氧运动之父”。

二、发展

徒手健身运动作为有氧运动的有效形式，很快就被人们接受，并在世界范围内得到广泛传播。

（一）传播

徒手健身运动是现代社会的产物。随着生活节奏的加快，一些动作简单、耗时短的大众健身运动成为人们首选的运动方式。在健身强体的同时，人们对形体美的要求也越来越高。在这个时代背景下，徒手健身运动以其独有的特点和价值在各健身中心迅速发展起来。

（二）发展趋势

为更广泛地开展群众性体育活动，增强人民体质，推动我国社会主义现代化建设事业的发展，1995 年 6 月，国务院颁布了《全民健身计划纲要》，号召全社会广泛开展全民健身运动。目前，全民健身运动在国内蓬勃发展，中国特色全民健身体系框架已经初步形成。全民健身运动的开展，有利于提高人民生活质量，丰富群众的业余文化生活，促进社会进步；还有利于加强社会主义精神文明和物质文明建设，提高我国的综合国力，振奋民族精神。

徒手健身运动根据人体的生理功能、解剖特点和体育运动的科学原理编排而成，它既可以全面、均衡地锻炼人体的运动器官，提高练习者的运动能力，又能够保持由简到难、由浅入深的系统性。此外，徒手健身运动易于开展，适合人群广泛，练习时练习者可以根据自己的身体状况自主调控运动量，具有极佳的锻炼效果，是全民健身计划的重要组成部分。

第二节 场地和装备

徒手健身运动对场地和装备的要求并不高，但是高质量的场地是运动顺利开展的前提，而良好的装备则是练习者发挥较高水平的必要保证。

一、场地

一般情况下，徒手健身运动可以在普通场地上进行，但是高水平的训练则应该在健身馆中进行，以保证运动时舒适安全，避免运动损伤的发生。

（一）普通场地

1. 规格

普通场地的选择较为灵活，平坦、干净的水泥地，混凝土地和沥青地都可以。

2. 要求

场地应空旷、通风，这有利于练习者的身体健康。

（二）健身馆

健身馆要保持干净，地面最好铺有专业地板或地毯。

1. 设施

健身馆一定要有镜子，这样练习者可以在镜前练习，并及时纠正自己的错误动作。表现力较好的练习者还可以在镜子前一边练习一边欣赏自己优美的动作。

2. 要求

(1) 健身馆的光线必须充足，通风良好。

(2) 地面应经常打扫并保持整洁，这有利于练习者的健康。

二、装备

进行徒手健身运动时，可以根据运动项目的不同，选择不同的装备，最好穿专业服装，这样既有利于动作的舒展，又可避免发生不必要的运动损伤。

(一)服装

服装应根据季节的变化进行调整。夏季炎热，宜穿短袖衫、短裤；冬季寒冷，宜穿长袖衫、长裤。最好选择吸汗、透气性好的服装面料。

(二)鞋

鞋应选择弹性好、柔软性强的运动鞋，这样可以缓冲脚底的压力，以防止踝关节受到损伤。

2 第二章 运动保健

体育运动对增强体质、预防疾病和促进人体健康具有良好的作用。但是，并非所有人做相同的运动都会达到同样的效果。对于同一种运动负荷，不同的人机体反应差异很大。即使是同一个个体，在不同时期、不同机能状态下，对同一负荷的反应及收到的效果也是不一样的。因此，对于不同个体，应制定适合其机能需要的运动强度、时间、频率和持续周期。从事体育锻炼一定要讲究科学性，使机体最大限度地获得运动价值，使某些疾病得到有效的防治或祛除。

第一节 自我身体评价

自我身体评价是指根据个体的不同情况，以及简单的功能评定标准，对锻炼者进行身体评价，并以此为依据，确定具体的锻炼内容。

一、适宜人群

体适能是全身适应性的一部分，是人体对现代生活的适应能力。为了促进健康、预防疾病、提高生活质量和工作学习效率，几乎所有人都可以追求健康体适能，而且经过简单的评价和测试，均可以成为目标人群，即适宜人群。

（一）健康体适能评价标准

健康体适能是指身体有足够的活力和精力处理日常事务，不会感到过度疲劳，并且还有足够的精力去享受休闲活动或应付突发事件。

健康体适能是确定锻炼者是否为运动适宜人群的主要依

据。目前的评价标准主要包括国民体质测定标准、学生体质测定标准和普通人群体育锻炼标准等。

国民体质测定标准主要包括形态指标、机能指标和素质指标 3 部分，各项指标的测定结果为 1 ～ 5 分，共 5 个级别。凡各项指标达不到 4 分或 5 分者，均应纳入健身人群。

学生体质测定标准分为优秀、良好、及格和不及格 4 个级别。优秀水平以下者，均应被纳入健身人群。

普通人群体育锻炼标准分为 5 个级别，凡达不到 4 分或 5 分者，均应纳入健身人群。

（二）简易运动功能评定

简易运动功能评定的目的在于确定锻炼者有无运动禁忌症或临时运动禁忌，即是否适合参加体育锻炼，以防万一，避免意外事故发生。目前通行的方式为 3 分钟踏台阶测试。

1. 目的

测试锻炼者运动后心率恢复情况，以评估其心肺功能。

2. 器材

30 厘米高的长凳、节拍器、秒表。见图 2-1-1。

3. 步骤

(1) 节拍器设定为每分钟 96 次，测试者依“上上下下”的节拍运动 3 分钟，每次踏上台阶应达到直膝，而且先踏上的脚先落下。

(2) 测试者完成 3 分钟踏台阶后，5 秒钟内开始测量脉搏，时间为 1 分钟，记录下心率，并依据表 2-1-1 评价功能水平。

(3) 运动后心率越低，证明心肺功能越好，在运动强度允许的范围内，锻炼者可选择运动强度的较高值来进行运动。

4. 注意事项

如测试者经过努力仍无法达标，或出现头晕、胸闷、出冷汗等症状，应立即终止测试。运动中应特别考虑运动强度，以防止出现意外。

图 2-1-1

表 2-1-1（单位：次 / 分钟）

	年龄(岁)	欠佳	尚可	一般	良好	优异
男士	18~25	>115	105~114	98~104	89~97	<88
	26~35	>117	107~116	98~106	89~97	<88
	36~45	>119	112~118	103~111	95~102	<94
	46~55	>122	116~121	104~115	97~103	<96
	56~65	>119	112~118	102~111	98~101	<97
	65+	>120	114~119	103~113	96~102	<95
女士	18~25	>125	117~124	107~116	98~106	<97
	26~35	>128	119~127	111~118	98~110	<97
	36~45	>128	118~127	110~117	102~109	<101
	46~55	>127	121~126	114~120	103~113	<102
	56~65	>128	118~127	112~117	104~111	<103
	65+	>128	122~127	115~121	101~114	<100

二、锻炼目标

锻炼目标应根据锻炼者不同的身体状况来确定，可分为近期目标和远期目标。此外，确定锻炼目标还应结合锻炼者的运动意向、愿望、兴趣，以及本人的健康状况等因素来进行。

（一）近期目标

近期目标是指锻炼者初期应达到的目标。在进行运动前，应首先明确锻炼目标，即近期目标。选择一两个健康体适能构成要素，作为未来两个月内努力完成的目标，而且应从成功概率较高的构成要素开始，并将预期两个月后要达到的目标做上记号，如提高某个或某些关节的活动幅度，增强某块肌肉或某肌肉群的力量等。

（二）远期目标

远期目标是指锻炼者最终要达到的目标。实践证明，经过科学合理的锻炼，锻炼者是可以达到一般的远期目标的，如提高心肺功能，使其达到优秀的等级，或达到降血脂和防治高血压、冠心病的目的等。

三、运动负荷

运动负荷即运动量。怎样控制运动量、合适的运动时间是多少等，一直是有争议的问题。但有一点是可以肯定的，任何的意见和建议，都需要综合考虑锻炼者的身体状况和所要达到的目标，并以此为依据来制订科学的身体锻炼计划。

（一）运动强度

在运动过程中，运动强度过小，无法达到锻炼效果；运动强度过大，不仅达不到最佳的锻炼效果，还可能产生一些副作用，甚至出现意外事故。确定运动强度有两种方法，即心率简易推测法和主观感觉疲劳分级表推测法。

1. 心率简易推测法

（1）年龄在 20 岁左右的年轻人，身体健康，能坚持体育锻炼，欲进一步提高身体机能，可取最大心率值（最大心率值 =220- 年龄）的 65% ～ 85%。

（2）年龄在 45 岁以下，身体基本健康，有运动习惯者，开始进行健身锻炼，可取最大心率值的 65% ～ 80%；没有运动习惯者，开始进行健身锻炼，可取最大心率值的 60% ～ 75%。

（3）年龄在 45 岁以上，身体基本健康，有运动习惯者，开始进行健身锻炼，可取最大心率值的 60% ～ 75%；没有运动习惯者，建议根据自身情况咨询专业人员来确定运动强度。

2. 主观感觉疲劳分级表推测法

运动的疲劳程度大致分为 10 级，具体为：0 ～ 1 级，没感觉；2 ～ 3 级，尚轻松；4 ～ 5 级，稍累；6 ～ 7 级，累；8 ～ 9 级，很累；10 级，精疲力竭。因此，健身锻炼的运动强度应控制在主观感觉疲劳程度的 4 ～ 7 级之间。

（二）运动频率

运动频率是指每日及每周锻炼的次数。一般每周锻炼 3 ～ 4 次，即隔日锻炼 1 次即可。充足的休息时间可使机体得到充分的休息，能收到更好的锻炼效果。

（三）运动持续时间

运动强度和运动持续时间决定了一次锻炼的运动量和热量消耗。运动持续时间与运动强度成反比，运动强度大，运动持续时间可相应缩短；运动强度小，则运动持续时间相应延长。一般的健身锻炼，运动持续时间以每天 20 ～ 60 分钟为宜，其中包括准备活动时间、健身锻炼时间和整理活动时间。每次健身锻炼应在 20 分钟以上，锻炼可一次性完成，也可分段进行，但每段活动时间应在 10 分钟以上。

第二节 运动价值

运动价值是人们一直在探讨的问题。一般认为，运动具有两个方面的价值，即健身价值和心理价值。身体和精神的健康是相互依存的，伴随着身体功能的改善，精神状况也能同时得到改善。

一、健身价值

健身价值在于提高体适能。体适能包括心肺耐力素质、肌肉力量素质、柔韧性素质和身体成分等。体适能的发展是积极从事锻炼的结果，只有规律性的体育锻炼才能达到最佳的体适能。

（一）提高心肺耐力素质

心肺耐力是指全身肌肉进行长时间运动的持久能力，是体内心肺系统对身体各细胞的供氧能力。人体的心脏、肺、血管、血液等组织的功能是心肺耐力的基础，与氧气和营养物质的输送以及代谢物的清除有关。健全的心肺功能是健康的基本保证。

系统的体育锻炼，可以使心肌增厚，收缩力加强，心室容积增大，从而使心脏的泵血功能增强，表现为心血输出量增加，心脏的能力得到提高。

系统的体育锻炼，也可使呼吸系统机能得到提高，表现为呼吸肌力量增强，肺活量、肺通气量明显增加，呼吸系统的工作能力提高，同时还提高了向机体供氧的能力。

系统的体育锻炼，可以提高血管系统的形态、机能和调节能力，以及机体的工作能力。

系统的体育锻炼，可以使血液系统产生某些适应性变化，如血容量增加、血黏度下降、红细胞膜弹性增强、红细胞变形能力增强等。

（二）提高肌肉力量素质

肌肉力量是指肌肉最大收缩产生的对抗阻力或负荷的能力。肌肉力量只有达到一定程度，才能克服外界阻力，而克服外界阻力是维持日常生活自理能力，从事各种劳动和运动的必要前提。

系统的体育锻炼，可以扩大肌肉的生理横断面积，改善神经系统对肌肉收缩的支配功能，还可以提高肌肉内代谢物质的储备量，使肌肉力量得到提高。

（三）提高柔韧性素质

柔韧性是指人体各关节的活动幅度，即关节的肌肉、肌腱和韧带等软组织的伸展能力。柔韧性对于保证正常生活质量、维持正常体态、预防损伤发生和减轻损伤程度等方面均起着至关重要的作用。

通过系统的体育锻炼，可以延缓因年龄因素而导致的身体柔韧性下降，预防因缺乏运动而导致的关节结构、周围软组织和膝关节肌肉退化，从而使锻炼者在日常生活、劳动和运动时充满活力。

（四）改善身体成分

身体成分是指人体体重中的脂肪组织和去脂组织的重量百分比。身体成分中的脂肪成分增加，肌肉成分必然下降。身体中不具备收缩功能的脂肪组织增加，必然导致身体进行各种活动的能力下降、基础代谢水平降低和肥胖症、冠心病、高血压、糖尿病、高血脂等慢性疾病发病率的升高。因此，合理的身体成分是保证人体健康的重要内容之一。

系统的体育锻炼可以使锻炼者的体质得到增强，这样，热量消耗便会随之增加，进而燃烧体内多余的脂肪，使身体成分得到改善。而身体成分的改善，又可以减少体重对关节带来的不利影响，还可以使肥胖者的心理状况得到改善，增强其自信心，逐步建立健康的生活方式。

二、心理价值

研究证明，体育锻炼不但可以使锻炼者增强体质、促进身体健康、预防慢性疾病，还可以提高锻炼者的生活满意度和生活质量，对其心理健康产生明显的积极影响。

体育锻炼的心理健康效应主要表现在以下 6 个方面：

(一)改善情绪状态

1. 短期效应

研究发现，体育锻炼对人的情绪状态具有显著的短期效应。运动后人们的焦虑、抑郁、紧张和心理紊乱程度显著减轻，而精力和愉快程度则显著增强。这种情绪的迅速变化，与锻炼者个体的健康状况、活动形式和活动强度等有直接的联系。

2. 长期效应

体育锻炼对人情绪的长期效应有直接影响，与不锻炼者相比，有规律的锻炼者在较长时期内很少会产生焦虑、抑郁、紧张和心理紊乱等情绪。

(二)完善个性行为特征

人的行为特征一般可以分为两种类型，用 A 型行为特征和 B 型行为特征来表示。A 型行为特征主要表现为性情急躁、争

表 2-2-1 A、B 型行为特征表现

A 型行为特征者常见表现	B 型行为特征者常见表现
约会从来不迟到	对约会很随便
竞争意识很强	竞争意识不强
别人要讲话时总爱抢先或插话	别人讲话时是很好的听众
总是匆匆忙忙	即使有压力也从不匆忙
等待时缺乏耐心	能够耐心等待
做事全力以赴	处事漫不经心
同时想做很多事	在一定时间里只做一件事情
讲话喜欢加重语气，甚至敲桌子	讲话语速缓慢、不慌不忙
做了好事希望能得到别人的承认	只要自己满意即可，不管别人怎么想
吃饭、走路都很快	没什么业余爱好
不善与人相处	为人随和
容易暴露自己的情感	能控制自己的感情
具有广泛的兴趣	满足于目前的工作和学习状况
胸怀雄心壮志	做事情很慢

强好胜、容易激动、整天忙碌等；B 型行为特征主要表现为不好竞争、不易紧张、不赶时间、待人随和、喜欢自由自在等。具有 A 型行为特征的人由于过度紧张的情绪反应，会引起内分泌失调，增加心脏病发病的概率。目前的一些研究主要集中在体育锻炼对改变 A 型行为特征的作用方面。研究结果表明，有规律的体育锻炼能明显改变 A 型行为特征，使其发生显著的积极变化。见表 2-2-1。

（三）确立良好的自我概念

自我概念是指个体对自己身体、思想和情感的主观整体评价，由许多自我认识组成，包括我是什么人、我主张什么和我喜欢什么等。

坚持体育锻炼，可以使锻炼者体格强健、精力充沛、提高驾驭身体的能力，从而改善对自身的满意程度，确立良好的自我概念。

（四）改变睡眠模式

根据脑电图显示，人的睡眠可以分为两种状态，即慢波睡眠状态和快波睡眠状态，前者为浅度睡眠状态，后者为深度睡眠状态。一夜之间两种睡眠状态会交替发生 4 ～ 5 次。

有规律的体育锻炼不仅对慢波睡眠有改善作用，而且能缩短入眠的潜伏期，延长睡眠时间。

（五）改善认知能力

体育锻炼还能改善人的认知过程，避免反应时间过长、注意力不集中和思维混乱等症状的发生，尤其对老年人认知能力的改善效果更为明显。

（六）增强心理治疗效应

体育锻炼被公认为是心理治疗的好方法。目前，人群中常见的心理疾病是抑郁症和焦虑症。研究发现，体育锻炼是治疗抑郁症的有效手段之一。抑郁症患者经过有规律的体育锻炼，能显著减轻症状。

体育锻炼还具有治疗焦虑症的作用，通过有规律的体育锻炼，锻炼者的焦虑症状可以得到明显缓解。

第三节 运动保护

在运动过程中，人体机能会随时发生变化。因此，应针对这个特点来进行体育锻炼，也就是我们所说的运动保护。运动保护一般包括运动前准备、运动后放松和自我养护 3 个方面。

一、运动前准备

准备活动是指在正式运动之前进行的有目的的身体练习。做好充分的准备活动，可以缩短机体进入最佳状态的时间，同时还可以预防运动损伤的发生，为机体发挥最大的工作效率做好功能上的准备。

（一）准备活动的作用

1. 提高中枢神经系统兴奋状态

(1) 使大脑反应速度加快，参加活动的运动中枢神经间相互协调。

(2) 为正式运动时生理机能达到适宜程度提前做好准备。

2. 提高机体代谢水平

(1) 准备活动可以使锻炼者体温升高，降低肌肉黏滞性，使肌肉的伸展性、柔韧性和弹性增强，从而有效预防运动损伤的发生。

(2) 准备活动可以增强体内代谢酶的活性，使物质代谢水平提高，以保证运动时有较充分的能量供应。

3. 克服内脏器官生理惰性

(1) 准备活动可以提高心血管系统和呼吸系统的机能水平，使肺通气量及心血输出量增加。

(2) 可以使心肌和骨骼肌的毛细血管扩张，使其工作肌获得更多的氧，从而克服内脏器官的生理惰性，使之尽快达到最佳状态。

4. 增加皮肤毛细血管血流量

准备活动可以使皮肤毛细血管的血流量增加，运动后毛细血管扩张，有利于散热，降低体温，有效防止正式活动时由于体温过高而影响运动能力。

(二) 准备活动的要求

1. 准备活动的时间

(1) 准备活动的时间可以根据运动项目的具体情况确定，一般以 10 ～ 30 分钟为宜。

(2) 准备活动与正式运动的间隔时间，一般以不超过 15 分钟为宜，可以在做完准备活动后立刻进行正式运动。

2. 准备活动的强度

(1) 准备活动的强度和量应较正式运动小，以免引起疲劳。

(2) 准备活动的量可以由心率决定，心率以 100 ～ 120 次 / 分钟为宜。

(三) 一般性准备活动

一般性准备活动的内容多以伸展运动开始，然后进行一般性的跑步、徒手体操等活动。

下面介绍一套常用的一般性准备活动操，供锻炼者运动前使用。这套活动操主要包括头部运动、肩部运动、扩胸运动、体侧运动、体转运动、髋部运动和踢腿运动等。

1. 头部运动

两手叉腰，两脚左右开立，做头部向前、向后、向左、向右，以及绕环运动。见图 2-3-1。

图 2-3-1

2. 肩部运动

手扶肩部，屈臂向前、向后绕环，以及直臂绕环。见图 2-3-2。

图 2-3-2

3. 扩胸运动

屈臂向后振动及直臂向后振动。见图 2-3-3。

图 2-3-3

4. 体侧运动

两脚左右开立，一手叉腰，另一臂上举，并随上体向对侧振动。见图 2-3-4。

图 2-3-4

5. 体转运动

两脚左右开立，两臂体前屈，身体向左、向右有节奏地扭转。见图 2-3-5。

图 2-3-5

6. 髋部运动

两脚左右开立，两手叉腰，髋关节放松，向左、向右 360 度旋转。见图 2-3-6。

图 2-3-6

7. 踢腿运动

两臂上举后振，同时一腿向后半步，重心置于前腿，两臂下摆后振，同时向前上方踢腿。见图 2-3-7。

图 2-3-7

二、运动后放松

运动后放松是指运动后进行的一些能够加速机体功能恢复的、较轻松的身体活动。与运动前的准备活动相反，其目的是使锻炼者的生理机能水平逐步得到恢复。

（一）放松方法

1. 运动性手段

(1) 运动结束后，锻炼者可采用变换运动部位的方法来消除疲劳，如上肢出现疲劳时可做一些慢跑运动，下肢出现疲劳时，可做一些上肢运动。

(2) 转换运动类型也是一种不错的放松方法，如打羽毛球出现疲劳时可做瑜伽来达到放松的目的。

(3) 还可以用调整运动强度的方法来缓解疲劳，如可以在放松过程中，采用小强度的轻微运动方法等。

2. 整理活动

(1) 整理活动是指运动后所做的一些能够加速机体功能恢复的身体活动，如剧烈运动后进行 3 ～ 5 分钟慢跑或其他整理活动，使身体机能得以恢复。

(2) 剧烈运动后若不做整理活动而骤然停止动作，会影响氧气的补充和静脉血的回流，使机体血压降低，引起不良反应。见图 2-3-8。

(二) 注意事项

1. 在进行整理活动时动作应缓慢、放松，运动量不要过大，否则会引发新的疲劳。

2. 在进行整理活动时，应当保持心情舒畅、精神愉悦。

图 2-3-8

三、自我养护

锻炼后，锻炼者感觉身体疲劳是一种正常的生理现象，是体育锻炼过程中的正常反应。随着体育锻炼时间的延长，疲劳症状自然会消失。运动性疲劳出现后，锻炼者如果采用一些自我养护措施，可以加速身体机能的恢复，尽快消除疲劳，提高锻炼效果。常见的自我养护方法主要包括运动后休息、合理营养和物理手段。

（一）运动后休息

1. 静止性休息

（1）静止性休息是指锻炼者运动后保持机体相对静止的状态，以促进身体机能恢复，尽快消除疲劳。

（2）静止性休息的最佳方式是睡眠，特别是刚开始从事锻炼者，身体不适应或疲劳症状明显时，更应该保证充足的睡眠，否则，锻炼者虽然积极参加了体育锻炼，但收效甚微，甚至会导致过度疲劳症状的发生。

（3）静止性休息更适合消除全身运动导致的整体疲劳症状。见图 2-3-9。

图 2-3-9

2. 积极性休息

（1）积极性休息更适合由于少量肌肉群参与工作而导致的局部疲劳，或运动强度较大而导致的快速疲劳。

（2）积极性休息可以加速血液循环，有利于代谢物排出体外，对促进身体机能的恢复具有明显的效果。见图 2-3-10。

图 2-3-10

(二) 合理营养

小强度、长时间的运动形式，主要是靠糖原的有氧代谢提供能量。运动后应及时补充淀粉类食物，如面粉、大米等，以促进糖原的合成。随着人民生活水平的提高，在饮食结构中，肉类食品的比重不断增加，而淀粉类食品的比重逐渐减少，这一现象应当引起人们的注意。特别是老年人参加体育锻炼，更应注意对淀粉类食物的补充。

强度较大、时间又相对较长的运动形式，主要是靠糖原的无氧代谢提供能量。这样，糖原无氧代谢产物——乳酸便会在体内大量堆积。因此，运动后应多补充蔬菜、水果等碱性食品，以加速乳酸的清除，尽快消除疲劳。见图 2-3-11。

图 2-3-11

（三）物理手段

1. 按摩及牵拉

（1）通过按摩刺激神经末梢、皮肤结缔组织和毛细血管，可以使紧张的肌肉得以放松，从而改善局部组织，加速全身的血液循环，达到促进身体机能恢复的目的。这种方法可以在锻炼后马上进行。

（2）此外，还可以采取缓慢牵拉肌肉的方法，使收缩的肌肉得到充分的伸展放松。见图 2-3-12。

图 2-3-12

2. 水疗及电疗

（1）水疗包括芬兰式蒸汽浴、热水浴和桑拿浴等多种形式，主要作用是通过提高体温促进血液循环，清除代谢物，以达到尽快消除疲劳、恢复体力的目的。

（2）水疗的时间一般以不超过 30 分钟为宜，如果时间过长，会进一步消耗体力，严重时甚至会出现暂时性脑缺血现象。

（3）如果条件允许，还可以对疲劳的肌肉进行低频治疗。低频治疗仪的原理是模拟针灸疗法，使用时将电极用不干胶对称地粘贴在运动部位表皮上。这种疗法可以促进局部血液循环，改善组织代谢，缓解肌肉酸痛，消除疲劳。

3 第三章 基本技术

基本技术是练习者进行健身运动时应具备的基本能力。根据练习目的的不同，基本技术练习的方式也各有不同，练习者可以针对自己的练习水平和实际需要，灵活地选择运动方式。基本技术包括柔韧性练习和协调性练习等。

第一节 柔韧性练习

加强柔韧性练习，可以增加练习者肌肉的灵活性，增强肌肉、韧带的弹性和伸展力，以增加运动时的动作幅度，使动作更舒展，更能有效地展示动态美。柔韧性练习包括肩部练习、胸部练习、腰部练习和腿部练习等。

一、肩部练习

肩部练习是指对肩部肌肉和韧带进行拉伸，以增加肩关节的灵活性和运动幅度的动作练习。

（一）练习一

1. 动作方法

（1）预备姿势：直膝站立呈小“八”字步，面向把杆，两臂搭在把杆上。

（2）1～2拍：上体向下振压一次。

（3）3～4拍：与1～2拍动作相同，反复练习。见图3-1-1。

2. 技术要点

（1）直臂挺胸，肩关节松弛。

（2）向下振压时，力量要由小到大。

3. 错误纠正

练习时易出现上体下振时没有弹性，动作僵硬，头抬起造成肩关节下不去等问题。因此，应使肩关节充分放松。

图 3-1-1

（二）练习二

1. 动作方法

（1）预备姿势：两人面对面站立，两脚开立，略比肩宽，两人双手相互搭肩，上体前屈。

（2）1～2 拍：上体向下振压一次。

（3）3～4 拍：与 1～2 拍动作相同，反复练习。见图 3-1-2。

2. 技术要点

（1）直臂挺胸，肩关节松弛。

（2）向下振压时，力量要由小到大，逐渐加大运动幅度。

图 3-1-2

3. 错误纠正

练习时易出现上体下振时没有弹性，动作僵硬，头抬起造成肩关节下不去等问题。因此，应使肩关节充分放松。

二、胸部练习

胸部练习是指对胸部肌肉和韧带进行拉伸，以增加胸部的灵活性和运动幅度的动作练习。

(一)练习一

1. 动作方法

(1)预备姿势：呈直角状坐于地毯上，低头、含胸，两臂前平举。

(2)1～2拍：两臂屈肘做扩胸，同时抬头、挺胸。

(3)3～4拍：还原呈预备姿势，反复练习。见图3-1-3。

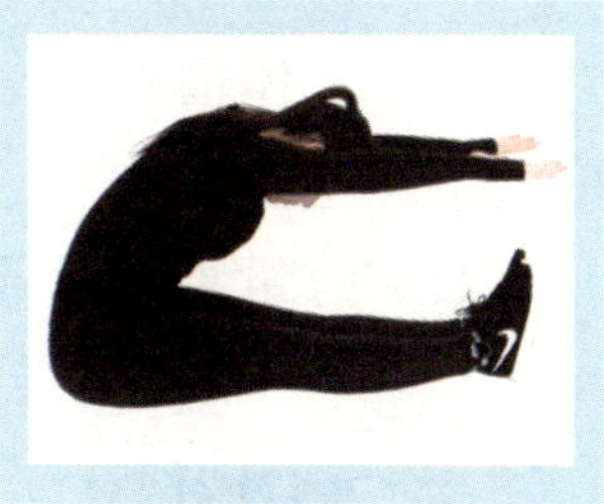

图3-1-3

2. 技术要点

(1)两臂扩胸至最大限度。

(2)做扩胸动作时，力量要由小到大，逐渐加大运动幅度。

3. 错误纠正

做扩胸动作时，易出现挺胸幅度小，腰部不能充分向前下压等问题。因此，应尽量把头抬高，上体充分前伸。

(二)练习二

1. 动作方法

(1)预备姿势：面对墙站立，身体离墙一步远，两臂上举，掌心贴于墙上。

(2)1～2拍：两臂伸直，上体向下压，同时抬头、挺胸。

(3)3～4拍：还原呈预备姿势，反

图3-1-4

复练习。见图 3-1-4。

2. 技术要点

练习时易出现身体离墙面太近或太远，做动作时身体不舒展等问题。因此，应掌握好身体与墙面的距离。

3. 错误纠正

(1) 上体前倾时，胸部尽量贴近墙面，两腿伸直，脚跟不要抬起。

(2) 力量要由小到大，逐渐加大运动幅度。

三、腰部练习

腰部练习是指对腰部肌肉和韧带进行拉伸，以增加腰部的灵活性和运动幅度的动作练习。

(一) 练习一

1. 动作方法

(1) 预备姿势：练习者俯卧在地毯上，直膝绷脚，两臂屈肘，两手手指交叉，掌心贴在头后，协助者蹲在练习者身后，用手压住其脚踝。

(2)1 ～ 2 拍：练习者上体后屈，手扶于头后，使头部尽量向上抬起。

(3)3 ～ 4 拍：还原呈预备姿势，反复练习。见图 3-1-5。

图 3-1-5

2. 技术要点

上体尽最大能力向后上方抬起。

3. 错误纠正

练习时易出现腰部用力小，上体抬

起幅度小等问题。因此，应尽最大能力抬上体。

（二）练习二

1. 动作方法

（1）预备姿势：练习者俯卧在地毯上，两臂后伸，协助者两脚开立于练习者膝关节两侧，两人双手相互拉紧。

（2）1～4 拍：协助者将练习者拉起，使其上体离开地面，呈最大反背弓。

（3）5～8 拍：慢慢还原呈预备姿势，反复练习。见图 3-1-6。

2. 技术要点

挺胸、抬头，用力向后弯腰，两腿伸直，夹臀、绷脚面。

3. 错误纠正

练习时易出现肩部不放松，腰部紧张用力，身体被直体拉起等问题。因此，应使上体充分放松。

图 3-1-6

四、腿部练习

腿部练习是指对腿部肌肉和韧带进行拉伸，以增加腿部的灵活性和运动幅度的动作练习。

（一）练习一

1. 动作方法

（1）预备姿势：练习者分腿坐，两手扶于体前两脚间，协助者两手扶住练习者的后背肩胛骨处。

（2）1～2 拍：协助者向前推压练习者上体，练习者两手沿地面远伸，使腹部、胸部贴地面。

（3）3～4 拍：还原呈预备姿势，反复练习。见图 3-1-7。

图 3-1-7

2. 技术要点

保持立腰、立背、挺胸、抬头的姿势，两腿伸直，绷脚面。

3. 错误纠正

练习时易出现协助者的用力方向不正确，用力大小掌握不好等问题。因此，应根据练习者的身体承受能力，力量由小到大，拉伸幅度逐渐加大。

（二）练习二

1. 动作方法

（1）预备姿势：分腿坐，上体直立，两手扶于体前两腿间，绷脚面。

（2）1～2 拍：上体前屈，两手沿地面远伸，做体前屈。

（3）3～4 拍：还原呈预备姿势，反复练习。见图 3-1-8。

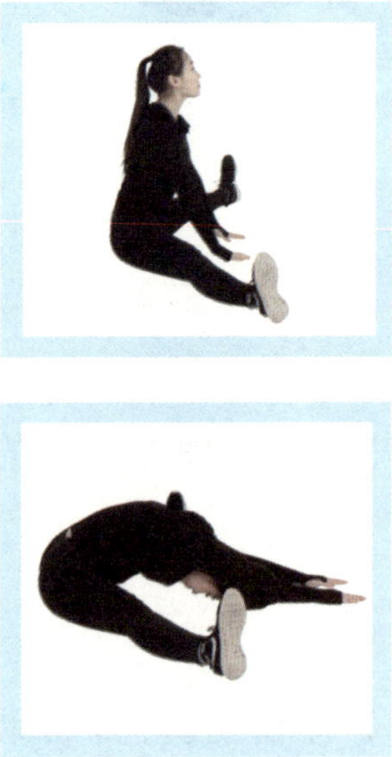

图 3-1-8

2. 技术要点

上体前屈时，胸部、腹部尽量贴地面，两腿伸直。

3. 错误纠正

练习时易出现两腿弯曲，勾脚尖等问题。因此，应保持两腿伸直，绷脚面。

第二节 协调性练习

协调性是指人体各部位在时间和空间上相互配合，合理、有效地完成动作的能力。协调性练习，可以改善练习者中枢神经系统的强度、均衡性和灵活性，使练习者控制肌肉的能力增强，动作富有韵律和美感。协调性练习包括伸展运动、踢腿运动、跳跃运动和弹踢跳等。

一、伸展运动

伸展运动主要锻炼练习者四肢的运动幅度，共两个8拍。

1. 动作方法

(1) 预备姿势：身体呈立正姿势。

(2) 第一个8拍：1拍，右臂不动，左臂侧平举；2拍，左臂不动，右臂侧平举；3拍，右臂不动，左臂侧上举；4拍，两臂上举；5拍，右臂侧上举，左臂侧平举；6拍，左臂不动，右臂侧平举；7拍，左臂下落；8拍，右臂下落。

(3) 第二个8拍：与第一个8拍动作相同，方向相反。见图3-2-1。

2. 技术要点

身体协调，手臂动作要到位。

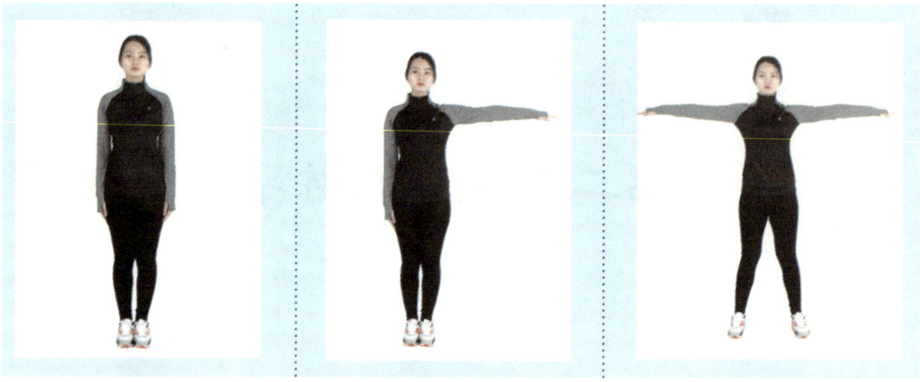

预备姿势　　第一个8拍（1拍）　　第一个8拍（2拍）

第一个8拍（3拍）　　第一个8拍（4拍）　　第一个8拍（5拍）

第一个8拍（6拍）　　第一个8拍（7拍）　　第一个8拍（8拍）

图 3-2-1

3. 错误纠正

练习时易出现身体不协调，动作不到位，手臂和腿弯曲等问题。因此，应注意动作的连贯、流畅、规范。

二、踢腿运动

踢腿运动主要锻炼练习者腿部的协调性和运动幅度，共两个 8 拍。

1. 动作方法

(1) 预备姿势：身体呈立正姿势。

(2) 第一个 8 拍：1 拍，前踢左腿，右臂前平举，左臂侧平举；2 拍，左腿还原，两臂前上屈，手触肩；3 拍，前踢左腿，两臂侧平举；4 拍，还原呈预备姿势；5 ～ 8 拍与 1 ～ 4 拍动作相同，方向相反。

(3) 第二个 8 拍：与第一个 8 拍动作相同，方向相反。见图 3-2-2。

2. 技术要点

上体保持正直，踢腿时直膝、绷脚面。

预备姿势　　第一个8拍（1拍）　　第一个8拍（2拍）

第一个8拍(3拍)　　第一个8拍(4拍)

图 3-2-2

3. 错误纠正

练习时易出现身体不协调，动作不到位，手臂和腿弯曲等问题。因此，应注意动作的连贯、流畅、规范，幅度要大。

三、跳跃运动

跳跃运动主要锻炼练习者腿部的弹跳力和身体的协调性，共两个 8 拍。

1. 动作方法

(1) 预备姿势：身体呈立正姿势。

(2) 第一个 8 拍：1 ~ 2 拍，两手叉腰，两脚有弹性地分别向前、向后并腿跳一次；3 拍，向左侧轻跳一次，左臂肩侧上屈，五指并拢，掌心向前，右臂肩侧下屈，掌心向后；4 拍与 3 拍动作相同，方向相反；5 ~ 8 拍与 1 ~ 4 拍动作相同。

(3) 第二个 8 拍：与第一个 8 拍动作相同。见图 3-2-3。

2. 技术要点

挺胸、立腰，动作轻快，落地时前脚掌着地缓冲，富有弹性。

预备姿势　　第一个8拍（1～2拍）　　第一个8拍（3拍）

图 3-2-3

3. 错误纠正

练习时易出现身体不协调，动作不到位等问题。因此，应注意动作的连贯、流畅、规范，幅度要大。

四、弹踢跳

弹踢跳主要锻炼练习者上下肢的协调配合能力，共两个8拍。

1. 动作方法

(1) 预备姿势：身体呈立正姿势。

(2) 第一个8拍：1拍，左腿经后方向前下方弹踢，同时右腿蹬跳，两手叉腰；2拍，左腿落地，右腿屈膝后抬；3～4拍与1～2拍动作相同；5～8拍与1～4拍动作相同，换腿做。

(3) 第二个8拍：与第一个8拍动作相同。见图 3-2-4。

2. 技术要点

跳动时保持放松、自然，运动负荷由小到大，注意呼吸配合。

3. 错误纠正

练习时易出现身体不协调，动作不到位等问题。因此，应注意动作的连贯、流畅、规范，幅度要大。

预备姿势　　第一个8拍（1拍）

第一个8拍（2拍）

图3-2-4

4

第四章

有氧操

有氧操的运动时间长，强度适中，不仅有利于人体心肺功能的增强和耐力水平的提高，还能够有效地控制体重，提高练习者的各项身体素质。有氧操包括姿态操、行进间徒手操和垫上徒手操等。

第一节 姿态操

姿态操的动作舒展、优美，简单易学。练习者在节奏明快、旋律优美的乐曲伴奏下练习，能够培养正确的身体姿势，增强肌体的协调能力和关节的灵活性，使各部位肌肉群得到均衡发展，并在练习中得到美的享受。姿态操包括上肢运动、腰部运动、下肢运动和全身运动等。

一、上肢运动

上肢运动主要通过上肢的波浪运动进行各种动作组合，可以锻炼练习者上肢的柔韧性和肩关节的灵活性，共八个 8 拍。

1. 动作方法

(1) 第一个 8 拍：1 ～ 4 拍，由自然站立开始，左臂向体侧波浪一次；5 ～ 8 拍，右臂向体侧波浪一次。

(2) 第二个 8 拍：1 ～ 2 拍，左脚向左前方一步，右脚尖侧点地，同时左转 90 度，两臂前举波浪一次；3 ～ 4 拍，向右转 90 度，两臂下摆至体侧；5 ～ 6 拍与 1 ～ 2 拍动作相同，方向相反；7～8拍，左转90度，两臂下摆，左脚并于右脚。

(3) 第三个8拍：1～2拍，左臂向右侧弧形摆动至上举；3～4拍，右臂向左侧弧形摆动至上举；5～8拍，两臂向体侧打开落下，掌心向下。

(4) 第四个8拍：1～4拍，头向右侧绕环，同时右臂随头的路线自然绕环；5～8拍，左脚向左侧一步，身体向左侧波浪，重心移至左脚，同时右臂侧上举，左臂侧下举小波浪一次。

(5) 第五个8拍：1～4拍，左脚站立，右腿屈膝，脚尖点地，同时左臂侧举，右臂屈肘向内做水平中绕环至两臂上举；5～7拍，右脚向前方迈步呈弓步，两臂由上举落下至体侧；8拍，还原呈直立。

(6) 第六个8拍：1～8拍与第四个8拍动作相同，方向相反。

(7) 第七个8拍：1～8拍与第五个8拍动作相同，方向相反。

(8) 第八个8拍：1～2拍，左脚向体前一步，重心前移至左脚，右脚尖后点地，同时两臂摆动至前举；3～4拍，重心后移至右脚，左脚尖前点地，同时两臂摆动至后举；5～6拍，左脚向右脚侧交叉一步，同时向右转体45度，右臂经体前绕至上举，左臂侧举；7～8拍两臂落于体侧。见图4-1-1。

第一个8拍（1～4拍）

第二个8拍（1～2拍）

第二个8拍（3～4拍）

第二个8拍（7～8拍）

第三个8拍（1～2拍）

第三个8拍（3～4拍）

第三个8拍（5～8拍） 第四个8拍（1～4拍）

第四个8拍（5～8拍）

第五个8拍（1～4拍）

第五个8拍（5～7拍）

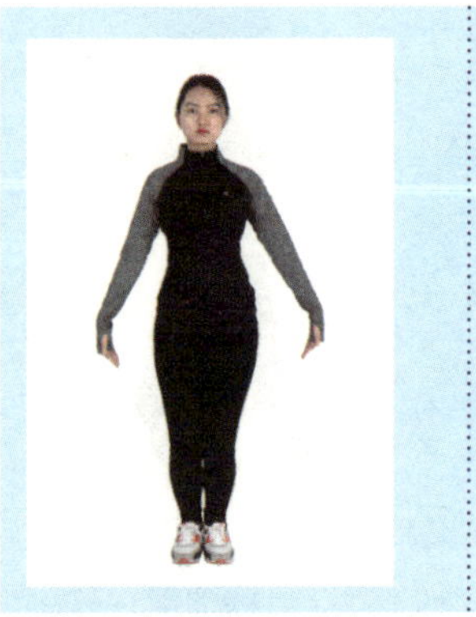

第五个8拍（8拍）

第八个8拍（1～2拍）

第八个8拍（3～4拍）　　　　第八个8拍（5～6拍）

第八个8拍（7～8拍）

图 4-1-1

2. 技术要点

(1) 上体保持正直，手臂的移动方向要准确，动作要柔和，幅度要大。

(2) 做绕环动作时，身体最远端尽力向外延伸，绕环充分且连贯。

(3) 身体旋转时，保持重心平稳，不能左右晃动。

3. 错误纠正

练习时易出现动作幅度小，不连贯，不规范，做不到位等问题。因此，应在运动前做必要的热身练习，使身体各部位肌肉充分拉伸，反复练习，增加动作的熟练程度，体会动作要领。

二、腰部运动

腰部运动主要以腰部动作为主进行练习，可以使练习者腰部的肌肉力量和韧带的柔韧性得到加强，共八个 8 拍。

1. 动作方法

(1) 第一个 8 拍：1 ～ 4 拍，做向前全身波浪，同时两臂由后经下方向前摆动至前上举；5 ～ 8 拍，做向前全身波浪，同时两臂由前上举经下摆至后举。

(2) 第二个 8 拍：1 ～ 2 拍，左脚向体前一步，重心前移至左脚，右脚尖后点地，同时两臂摆动至前举；3 ～ 4 拍，重心后移至右脚，左脚尖前点地，同时两臂摆动至后举；5 ～ 6 拍，左脚向右脚侧交叉一步，同时向右转体 45 度，右臂经体前绕至上举，左臂侧举；7 ～ 8 拍，两臂落于体侧。

(3) 第三个 8 拍：1 ～ 8 拍与第一个 8 拍动作相同。

(4) 第四个 8 拍：1 ～ 2 拍，左脚向左侧一步，右腿屈膝抬起，膝盖向右侧，右脚贴于左小腿后方，同时两臂摆动至左侧举；3 ～ 4 拍，右脚向右侧一步，左脚并于右脚，同时两臂经下方向右侧绕环一周至体侧；5 ～ 6 拍，右脚向右侧并一步，左脚尖侧点地，右臂弧形上举，左臂弧形前下，上体左侧屈；7 ～ 8 拍，右脚并于左脚，两臂还原至体侧。

(5) 第五个 8 拍：1 ～ 2 拍，左脚向左后方一大步并屈膝，右脚尖侧点地，同时左臂弧形上摆，右臂弧形下摆；3～4拍，右腿在左腿后方屈膝，脚尖点地，同时右臂弧形下摆，左臂弧形上摆；5～6拍，右脚向右前方一步略屈膝，同时左臂弧形上摆，右臂弧形下摆；7～8拍，左脚并于右脚，两臂自然落下。

(6) 第六个8拍：1～8拍与第四个8拍动作相同，方向相反。

(7) 第七个8拍：1～8拍与第五个8拍动作相同，方向相反。

(8) 第八个8拍：1～2拍，左脚向左前方一步，右腿在左腿旁屈膝，脚尖点地（突进步），左臂左前上举，右臂右后伸；3～4拍，右脚向体前一步，左腿屈膝，脚尖点地；5～6拍，左脚后退一步，右腿屈膝，脚尖点地，左臂经下摆至侧举，右臂前举，头向右后方转动；7～8拍，右脚后退一步，左腿经屈膝、脚尖点地，还原呈直立。见图4-1-2。

2. 技术要点

(1) 后仰时身体重心要保持好，以防止身体失去平衡。

(2) 左右两臂要协调配合。

3. 错误纠正

练习时易出现动作幅度小、不连贯、不规范，做不到位等问题。因此，应反复练习，增加动作的熟练程度，体会动作要领。

第一个8拍（1～4拍）

第一个8拍（5～8拍）

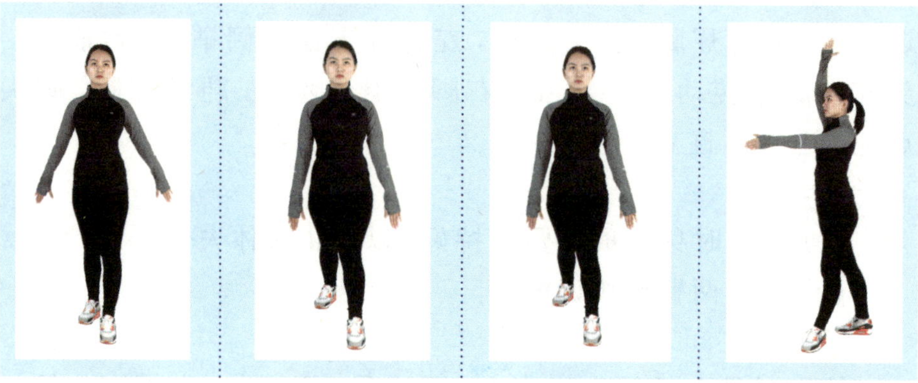

第二个8拍（1～2拍） 第二个8拍（3～4拍） 第二个8拍（5～6拍）

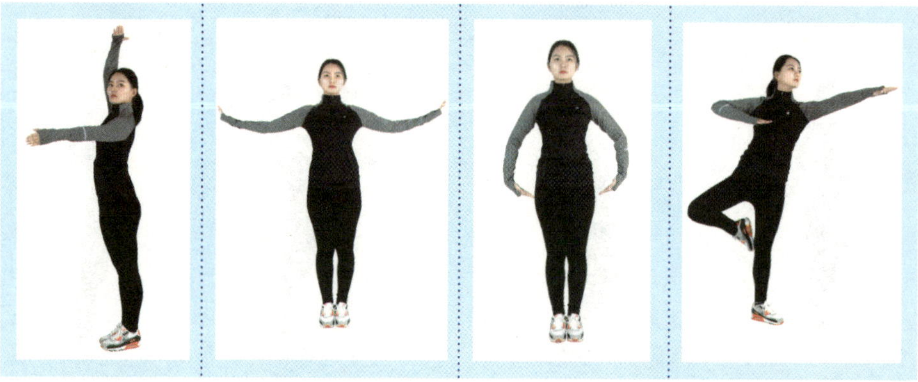

第二个8拍（7～8拍） 第四个8拍（1～2拍）

第四个8拍（3～4拍）

第四个8拍（5～6拍） 第四个8拍（7～8拍）

第五个8拍（1～2拍）

第五个8拍（3～4拍）

第五个8拍（5～6拍）

第五个8拍（7～8拍）第八个8拍（1～2拍）

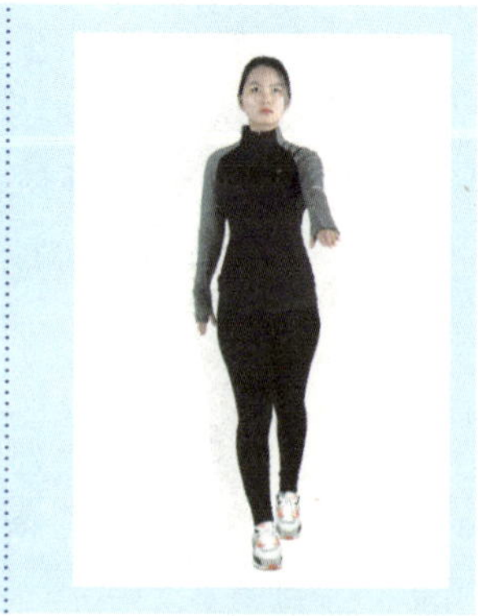

第八个8拍（3～4拍）

第八个8拍（5～6拍）

第八个8拍（7～8拍）

图 4-1-2

三、下肢运动

下肢运动主要是以下肢的弹踢、摆动动作为主进行练习，可以使练习者下肢的肌肉力量和髋关节的灵活性得到加强，共八个 8 拍。

1. 动作方法

(1) 第一个 8 拍：1～2 拍，右腿向体前抬腿一次，左臂前摆一次；3～4 拍与 1～2 拍动作相同，方向相反；4 拍，向右转 45 度，还原呈直立；5～6 拍，右腿向右侧抬腿一次，同时两臂经体前交叉摆动至侧举；7～8 拍与 5～6 拍动作相同，方向相反。

(2) 第二个 8 拍：1～2 拍，右脚向右前方一步，左腿在右脚旁屈膝，脚尖点地（突进步），右臂右前上举，左臂左后举；3～4 拍，左脚向体前一步，右腿屈膝，脚尖点地；5～6 拍，右脚后退一步，左腿屈膝，脚尖点地，左臂经下摆至前举，右臂前举，头向左后方转动；7～8拍，左脚后退一步，右腿经屈膝、脚尖点地，还原呈直立。

(3) 第三个8拍：与第一个8拍动作相同，方向相反。

(4) 第四个8拍：1～2拍，向左转45度，同时右臂经体前摆动至胸前屈肘；3～4拍，左臂经体前屈肘，两臂胸前交叉；5～8拍，两臂转肘，柔软地经体前向下方打开至侧举，同时做向前胸波浪。

(5) 第五个8拍：1～2拍，上体前屈，同时两臂向下方摆动；3～4拍，上体伸直，同时两臂上举；5～6拍，右脚向体前一步，左脚尖后点地，两臂前上举，做手臂波浪；7～8拍，左脚并于右脚，两臂柔软落下，还原呈直立。

(6) 第六个8拍：1～4拍与第四个8拍的1～4拍动作相同，方向相反；5～8拍与第四个8拍的5～8拍动作相同。

(7) 第七个8拍：1～4拍与第五个8拍的1～4拍动作相同；5～8拍同第五个8拍的5～8拍动作相同，方向相反。

(8) 第八个8拍：1～4拍，做全身小波浪，两臂下垂；5～8拍与1～4拍动作相同。见图4-1-3。

第一个8拍（1～2拍） 第一个8拍（3～4拍）

第一个8拍（5～6拍）

第二个8拍（1～2拍）

第二个8拍（3～4拍）

第二个8拍（5～6拍）

第二个8拍（7～8拍）

第四个8拍（1～2拍） 第四个8拍（3～4拍）

第四个8拍（5～8拍）

第五个8拍（1～2拍）

第五个 8 拍（3 ～ 4 拍） 第五个 8 拍（5 ～ 6 拍）

第五个 8 拍（7 ～ 8 拍）

第八个 8 拍（1 ～ 4 拍）

图 4-1-3

2. 技术要点

(1) 身体协调，调整好呼吸。

(2) 动作要连贯、舒展、大方。

3. 错误纠正

练习时易出现动作幅度小、不连贯、不规范，做不到位等问题。因此，应反复练习，增加动作的熟练程度，体会动作要领。

四、全身运动

全身运动主要以上肢和下肢的协同动作为主进行练习，可以使练习者身体的协调性和各关节的灵活性得到改善，共八个8拍。

1. 动作方法

(1) 第一个8拍：1～4拍，左脚向左侧一步，两手叉腰，做向左侧波浪；5～6拍，右脚后退一步，重心在右脚，向右后方送髋，左脚尖前点地；7 拍，重心移至左脚，向左侧送髋；8 拍，右脚并于左脚。

(2) 第二个 8 拍：1 拍，右脚向右侧一步，两臂侧举；2 拍，左脚并于右脚，两臂落下；3 ～ 4 拍，左脚向左侧一步，脚尖点地，左臂弧形前下伸，右臂侧上举；5 ～ 6 拍，向左侧做身体侧波浪，同时重心移至左脚；7 ～ 8 拍，两臂左上举做小波浪，目视左手。

(3) 第三个 8 拍：1 ～ 8 拍与第一个 8 拍动作相同，方向相反。

(4) 第四个 8 拍：1 ～ 7 拍与第二个 8 拍的 1 ～ 7 拍动作相同，方向相反；8 拍，还原呈直立。

(5) 第五个 8 拍：1 ～ 2 拍，两腿屈膝，左脚向体前一步站立，右脚尖后点地，两臂前摆；3 ～ 4 拍，右脚向体前一步，左脚尖后点地，两臂经下摆至侧举；5 ～ 6 拍，左脚并于右脚，两臂做侧波浪；7 ～ 8 拍，两臂再做侧波浪一次。

(6) 第六个 8 拍：1 ～ 2 拍，两腿屈膝，左脚后退一步，右脚尖前点地，左臂摆动至前举，右臂落下；3 ～ 4 拍，右脚后退一步，左脚尖前点地，右臂摆动至前举，同时左臂落下；5 ～ 8 拍，左脚在右脚后方，脚尖点地，同时左转 180 度，右臂落至体侧下垂。

(7) 第七个 8 拍：与第五个 8 拍动作相同，方向相反。

(8) 第八个 8 拍：与第六个 8 拍动作相同，方向相反。见图 4-1-4。

2. 技术要点

(1) 身体协调，调整好呼吸。

(2) 重心稳定，动作要连贯。

3. 错误纠正

练习时易出现动作幅度小，不连贯，动作不规范，做不到位等问题。因此，应反复练习，增加动作的熟练程度，体会动作要领。

第一个8拍（1～4拍）

第一个8拍（5～6拍）

第一个8拍（7拍）　　第一个8拍（8拍）　　第二个8拍（1拍）

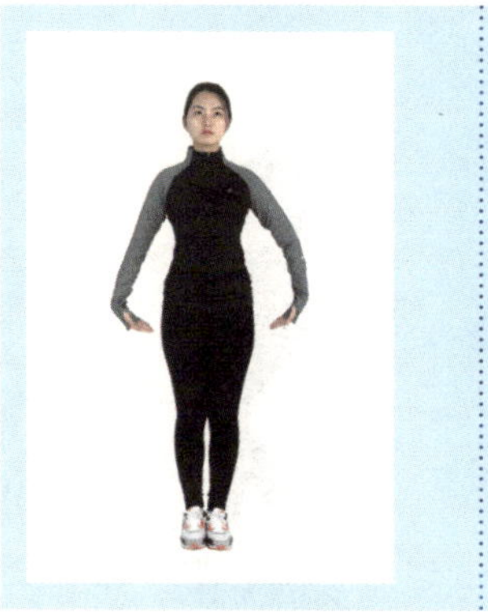

第二个8拍（2拍）

第二个8拍（3～4拍）

第二个8拍（5～6拍）

第二个8拍（7～8拍）

第五个8拍（1～2拍）

第五个8拍（3～4拍）

第五个8拍（5～6拍）　第五个8拍（7～8拍）

第六个8拍（1～2拍）　第六个8拍（3～4拍）

第六个8拍（5～8拍）

图 4-1-4

五、跳跃运动

跳跃运动主要以跳跃动作组合为主进行练习，主要锻炼练习者下肢的肌肉力量和腿部的弹跳力，共六个 8 拍。

1. 动作方法

（1）第一个 8 拍：1～2 拍，右脚向左前方一步，左脚后点地，左臂肩侧屈，翻掌于头后（掌心向前），头向右后方转动；3～4 拍，左脚向体前一步；5～6 拍，左脚蹬地，右脚向右后方小跳落地，左脚迅速并于右脚，略屈膝，脚尖点地，左手叉腰，右臂肩侧屈，翻掌于头后（掌心向前），上体略向右后屈，目视左前方；7～8 拍，右脚蹬地，左脚向左前方小跳落地，右脚迅速并于左脚，略屈膝，脚尖点地，左臂前举，右臂上举，含胸、低头。

（2）第二个 8 拍：1～6 拍，右脚开始向右弧形小跑 12 步，右臂上举，左臂侧举，上体向左侧屈，目视右上方；7～8 拍，两臂落下。

(3) 第三个 8 拍：与第一个 8 拍动作相同，方向相反。

(4) 第四个 8 拍：与第二个 8 拍动作相同，方向相反。

(5) 第五个 8 拍：1 ～ 4 拍，左脚开始向体前 2 步，两臂在体侧绕“8”字一次；5 ～ 6 拍与 1 ～ 2 拍动作相同；7 ～ 8 拍，左脚向体前一步，右脚并于左脚，两臂在体侧绕“8”字至上举。

(6) 第六个 8 拍：1 ～ 4 拍，小碎步后退 8 步，呈并步立，同时两臂柔软地经体前向下方摆动；5 拍，左臂做侧波浪摆动至上举，上体右侧屈，目视左手；6 拍，右臂做侧波浪摆动至上举，左臂经体侧做向下波浪，摆动至体侧下垂，同时上体左侧屈，目视右手；7 ～ 8 拍，右臂经体侧做向下波浪，摆动至体侧下垂。见图 4-1-5。

2. 技术要点

(1) 身体协调，调整好呼吸。

(2) 动作要连贯、舒展、大方。

3. 错误纠正

练习时易出现动作幅度小，不连贯，不规范，做不到位等问题。因此，应反复练习，增加动作的熟练程度，体会动作要领。

第一个 8 拍（1 ～ 2 拍）　第一个 8 拍（3 ～ 4 拍）

第一个8拍（5～6拍）

第一个8拍（7～8拍）

第二个8拍（1～6拍）

第二个8拍（7～8拍）

第五个8拍（1～4拍）

第五个8拍（7～8拍）

第六个 8 拍（1 ～ 4 拍）　　第六个 8 拍（5 拍）

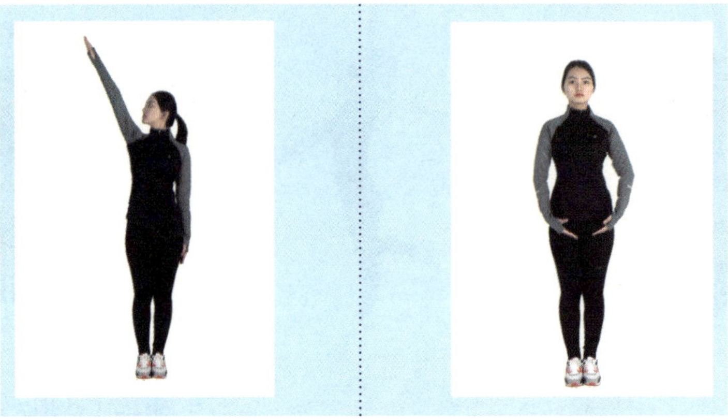

第六个 8 拍（6 拍）　　第六个 8 拍（7 ～ 8 拍）

图 4-1-5

第二节 行进间徒手操

行进间徒手操是一项简单易做的运动项目，它不受时间、地点的限制，可以根据练习者自身的实际情况，灵活掌握运动量，使上肢、肩部、躯干、髋部、下肢、颈部的关节、韧带得到不同程度的锻炼，增加各相应部位的肌肉群力量和弹性，加快血液循环，从而达到强身健体的目的。行进间徒手操包括上肢运动、四肢运动、扩胸运动、踢腿运动、体侧运动、体转运动、全身运动和跳跃运动等。

一、上肢运动

上肢运动是练习者通过上肢的屈、举和绕环等动作组合进行的练习，主要锻炼练习者上肢的力量和灵活性，共两个8拍。

1. 动作方法

（1）预备姿势：身体呈立正姿势。

（2）第一个8拍：1拍，左脚向体前一步，同时两臂前上屈握拳，拳心向内；2拍，两臂胸前平屈，拳心向下；3拍，左脚向体前一步，同时两臂打开呈侧平举；4拍，右脚向体前一步，两臂还原呈下垂；5～6拍，左、右腿各向体前一步，同时两臂向体前绕环一周；7 拍，左腿并于右腿屈膝半蹲，同时两臂前举；8 拍，两腿伸直，两臂还原。

（3）第二个 8 拍：与第一个 8 拍动作相同。见图 4-2-1。

2. 技术要点

（1）身体要保持挺直。

（2）两臂上举或侧举要到位。

3. 错误纠正

练习时易出现手臂弯曲，身体不正等问题。因此，应规范动作，注意体会动作要领。

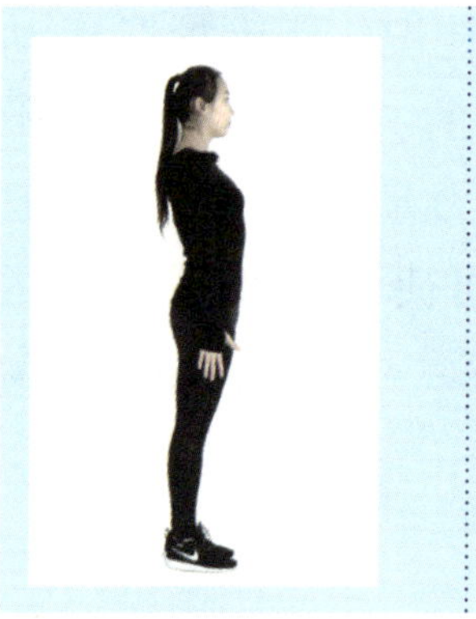

预备姿势

第一个8拍（1拍）

第一个8拍（2拍）

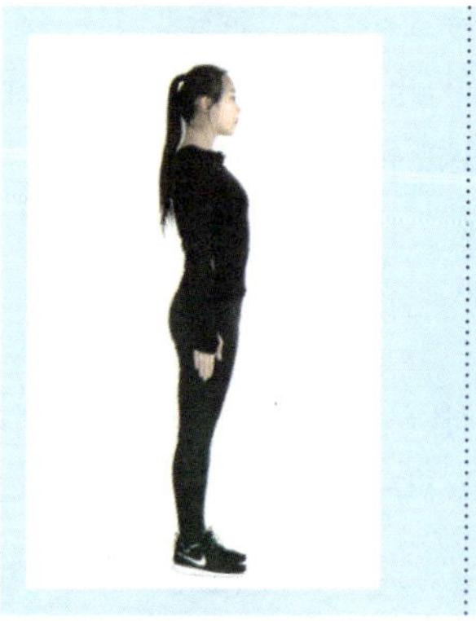

第一个8拍（3拍）

第一个8拍（4拍）

第一个8拍（5～6拍）

第一个8拍（7拍） 第一个8拍（8拍）

图 4-2-1

二、四肢运动

四肢运动是练习者通过徒手进行的上下肢协调配合，做各种组合动作的练习，主要锻炼练习者上下肢的协调配合能力，共两个 8 拍。

1. 动作方法

（1）预备姿势：身体呈立正姿势。

（2）第一个 8 拍：1 拍，左腿向体前一步，同时两臂侧举；2 拍，右腿屈膝前提，同时两手扶膝，手指相对；3 ～ 4 拍与 1 ～ 2 拍动作相同，方向相反；5 拍，左腿向体前一步，同时两臂上举，掌心向前；6 拍，右腿并于左腿，屈膝半蹲，两手扶膝，略低头、含胸；7 拍，左腿向体前一步呈左弓步，同时两臂经体前至侧上举；8 拍，右腿并于左腿，还原呈预备姿势。

（3）第二个 8 拍：与第一个 8 拍动作相同。见图 4-2-2。

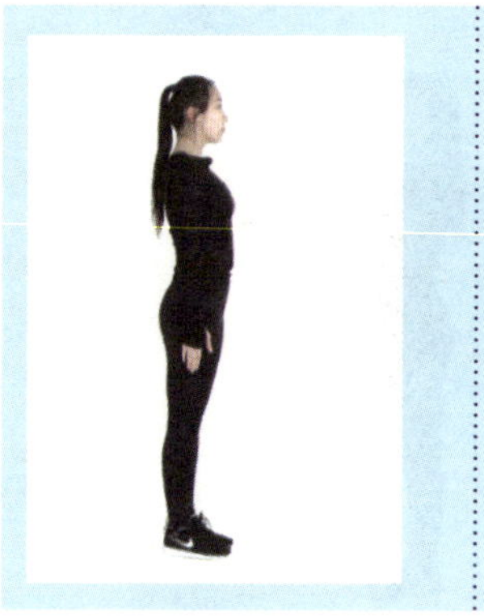

预备姿势

第一个8拍(1拍)

第一个8拍(2拍)

第一个8拍(5拍)

第一个8拍(6拍)

第一个8拍(7拍)

图 4-2-2

2. 技术要点

(1) 提膝时尽量高抬，身体保持平稳。

(2) 弓步时后腿要蹬直，不要弯曲。

3. 错误纠正

练习时易出现动作不到位，身体不正等问题。因此，应规范动作，注意体会动作要领。

三、扩胸运动

扩胸运动是练习者通过徒手进行的各种扩胸动作组合练习，主要锻炼练习者肩关节和胸部肌肉的灵活性，共两个 8 拍。

1. 动作方法

(1) 预备姿势：身体呈立正姿势。

(2) 第一个 8 拍：1 拍，左腿向体前一步，同时两臂前上屈握拳；2 拍，右腿向体前一步，同时两臂胸前平屈，扩胸一次；3 拍，左腿向体前一步，同时两臂前举交叉，掌心向下；4 拍，左腿向体前一步，同时两臂侧伸，扩胸一次；5 ～ 6 拍，左、右腿各向体前一步，同时两臂上举，击掌两次；7 拍，左腿向体前一步，同时左臂侧举，右臂侧上屈握拳，扩胸一次；8 拍，右腿并于左腿，还原呈预备姿势。

(3) 第二个 8 拍：与第一个 8 拍动作相同。见图 4-2-3。

2. 技术要点

(1) 扩胸时两臂端平，后振有力。

(2) 身体要直立，保持重心平稳。

预备姿势　　第一个8拍(1拍)　　第一个8拍(2拍)

第一个8拍(3拍)

第一个8拍(4拍)

第一个8拍(5～6拍)

第一个8拍(7拍)

图 4-2-3

3. 错误纠正

侧举扩胸时易出现两臂弯曲等问题。因此，应注意两臂伸直。

四、踢腿运动

踢腿运动是练习者通过徒手进行的各种腿部动作组合练习，主要锻炼练习者下肢肌肉力量和髋关节的灵活性，共两个8拍。

1. 动作方法

(1) 预备姿势：身体呈立正姿势。

(2) 第一个8拍：1拍，左腿向体前一步，同时两臂侧举；2拍，右腿直膝前踢，同时在右腿下方击掌；3拍，右腿落于体前，同时两臂侧平举；4拍，两臂放于体侧；5拍，右腿向体前一步，同时两臂侧平举；6拍，左腿并于右腿，屈膝半蹲，同时两臂下伸；7拍，左腿直膝后踢，同时两臂经体前至上举，掌心向前；8拍，还原呈预备姿势。

(3) 第二个8拍：与第一个8拍动作相同。见图4-2-4。

2. 技术要点

(1) 前踢腿时幅度要大，身体保持平稳。

(2) 后踢腿时身体要呈反弓。

预备姿势　　第一个8拍（1拍）　　第一个8拍（2拍）

第一个8拍(3拍)　第一个8拍(4拍)　第一个8拍(5拍)

第一个8拍(6拍)　第一个8拍(7拍)

图 4-2-4

3. 错误纠正

练习时易出现手臂和腿部动作不协调等问题。因此，应规范动作，注意体会动作要领。

五、体侧运动

体侧运动是练习者通过徒手进行的躯干动作组合练习，主要锻炼练习者躯干肌肉的力量和柔韧性，共两个 8 拍。

1. 动作方法

(1) 预备姿势：身体呈立正姿势。

(2) 第一个 8 拍：1 拍，左腿向体前一步，同时两臂侧平举；2 拍，右腿向右侧一步，呈侧点立，同时上体右侧屈，左臂上举，右臂前举；3 ～ 4 拍与 1 ～ 2 拍动作相同，方向相反；5 拍，两臂前平举，掌心相对；6 拍，左脚向前一步，两臂侧上举；7 拍，两脚开立，同时上体右侧屈，左臂侧上举，右臂侧下伸；8 拍，左腿并于右腿，还原呈预备姿势。

(3) 第二个 8 拍：与第一个 8 拍动作相同。见图 4-2-5。

2. 技术要点

(1) 手臂动作要到位，保持重心平稳。

(2) 身体左、右侧屈幅度要大。

预备姿势　　第一个8拍(1拍)　　第一个8拍(2拍)

第一个8拍(5拍)　　第一个8拍(6拍)　　第一个8拍(7拍)

图 4-2-5

3. 错误纠正

练习时易出现身体前后晃动、重心不平稳等问题。因此，动作应由慢到快，逐渐掌握要领。

六、体转运动

体转运动是练习者通过徒手进行的躯干动作组合练习，主要锻炼练习者躯干肌肉的灵活性和力量，共两个 8 拍。

1. 动作方法

(1) 预备姿势：身体呈立正姿势。

(2) 第一个 8 拍：1 拍，左腿向体前一步，同时两臂前举，掌心向下；2 拍，两脚不动，同时上体向右拧转，两臂胸前平举握拳；3 拍与 1 拍动作相同；4 拍，右腿向体前一步，同时两臂下垂；5 拍与 1 拍动作相同；6 拍，右腿向体前一步，呈分腿屈膝半蹲，同时上体向右拧转，左臂上举，右臂侧举；7 拍，两腿伸直，上体还原，两臂前平举；8 拍，右腿并于左腿，还原呈预备姿势。

(3) 第二个 8 拍：与第一个 8 拍动作相同。见图 4-2-6。

2. 技术要点

(1) 身体重心要保持平稳。

(2) 转体时要有弹性。

预备姿势　　第一个8拍（1拍）　　第一个8拍（2拍）

第一个8拍（4拍）　　第一个8拍（6拍）　　第一个8拍（7拍）

图 4-2-6

3. 错误纠正

练习时易出现含胸、低头等问题。因此，练习时应挺胸、抬头，保持上体正直。

七、全身运动

全身运动是练习者通过徒手进行的全身动作组合练习，主要锻炼练习者身体的协调性和稳定性，共两个 8 拍。

1. 动作方法

(1) 预备姿势：身体呈立正姿势。

(2) 第一个 8 拍：1 拍，左腿向体前一步，同时两臂侧举；2 拍，右腿屈膝前提，同时两手抱右小腿；3 拍，右腿向体前一步，同时两臂上举，掌心相对；4 拍，左腿并于右腿，屈膝全蹲，同时两手扶膝；5 拍，左腿向体前一步呈弓步，同时两臂侧上举；6 拍，上体前屈，胸部靠近左大腿，同时两臂经下方至后举；7 拍，还原呈 5 拍姿势；8 拍，右腿并于左腿，还原呈预备姿势。

(3) 第二个 8 拍：与第一个 8 拍动作相同。见图 4-2-7。

预备姿势

第一个8拍（1拍）

第一个8拍（2拍）

第一个8拍（3拍）

第一个8拍（4拍）

第一个8拍（5拍）

第一个8拍（6拍）

图 4-2-7

2. 技术要点

(1) 动作要舒展大方、有弹性。

(2) 上下肢协调配合。

3. 错误纠正

练习时易出现前屈过大，转体幅度不够等问题。因此，应注意体会动作要领，动作要正确。

八、跳跃运动

跳跃运动是练习者通过徒手进行的跳跃动作组合练习，主要锻炼练习者腿部的弹跳力和身体的协调性，共两个 8 拍。

1. 动作方法

(1) 预备姿势：身体呈立正姿势。

(2) 第一个 8 拍：1 ～ 4 拍，右腿开始向前 4 次后踢腿跑，同时两臂由肩侧屈握拳，经上举、侧举至下垂；5 ～ 6 拍，并拢小跳两次，同时两臂上举，交叉两次，五指分开，掌心向前；7 拍，两腿跳成开立，同时两臂侧平举，五指分开，掌心向前；8 拍，还原呈预备姿势。

(3) 第二个 8 拍：与第一个 8 拍动作相同。见图 4-2-8。

预备姿势　　　　第一个8拍（1 ～ 4拍）

第一个8拍（5～6拍） 第一个8拍（7拍）

图 4-2-8

2. 技术要点

（1）身体要放松，上下肢协调配合。

（2）身体跳动要有弹性。

3. 错误纠正

练习时易出现手臂乱晃，两臂紧张，重心不稳等问题。因此，应规范动作，注意体会动作要领。

第三节 垫上徒手操

垫上徒手操是指在体操垫上采用跪、坐、卧等姿势进行的组合动作练习，可以增加练习者身体的稳定性，提高腿部和腰腹部肌肉的灵活性、协调性，增强肌肉的力量，从而起到全面锻炼身体的作用。垫上徒手操包括坐地动作练习、跪地动作练习和仰卧动作练习等。

一、坐地动作练习

坐地动作练习是指练习者坐在体操垫上进行的各种动作组合练习，可以提高练习者的身体力量和控制肌肉的能力，共四个8拍。

1. 动作方法

(1) 预备姿势：直角坐撑。

(2) 第一个8拍：1拍，两脚充分勾脚尖；2拍，左脚充分绷脚尖；3～4拍与1～2拍动作相同，方向相反；5～6拍，两腿屈膝，收腹，团身至最大程度，同时低头、含胸，两手抱脚踝，脚面绷直；7拍，挺胸略抬头，两手支撑于体侧后方；8拍，两腿伸直，还原呈预备姿势。

(3) 第二个8拍：1拍，左腿上抬至与地面呈45度角；2拍，还原呈预备姿势；3拍，与1拍动作相同，方向相反；4拍，与2拍动作相同；5拍，右腿直膝上抬；6拍，左腿屈膝，脚尖点于右膝外侧；7拍，左腿伸直前举至45度；8拍，还原呈预备姿势。

(4) 第三个8拍：1拍，左腿吸腿，同时向右拧转，上体保持正直；2拍，还原呈预备姿势；3拍，与1拍动作相同，方向相反；4拍，与2拍动作相同；5～6拍，体前屈，两手扶脚踝；7拍，还原呈直角坐，同时两臂上举；8拍，两臂经体侧还原呈预备姿势。

(5) 第四个8拍：1拍，两腿向体侧分开，呈分腿坐撑；2拍，还原呈预备姿势；3拍与1拍动作相同；4拍，顶髋，呈分腿仰撑；5拍，还原呈分腿坐撑；6～7拍，左手支撑，右臂上举，充分伸髋；8拍，还原呈预备姿势。见图4-3-1。

2. 技术要点

(1) 坐立时两腿充分前伸，上体直立。

(2) 屈体动作要做到最大程度。

(3) 抬腿时，膝盖不能弯曲。

3. 错误纠正

练习时易出现身体姿势不正确，动作不到位等问题。因此，应规范动作，注意体会动作要领。

预备姿势　　第一个8拍（1拍）　　第一个8拍（2拍）

第一个8拍（5～6拍）

第一个8拍（7拍）

第二个8拍（1拍）

第二个8拍（5拍）

第二个8拍（6拍）

第二个8拍（7拍）

第三个8拍（1拍）

第三个8拍（5～6拍）

第三个8拍（7拍）

第四个8拍（1拍）

第四个8拍（4拍）

第四个8拍（5拍）　　第四个8拍（6～7拍）

图 4-3-1

二、跪地动作练习

跪地动作练习是指练习者跪在体操垫上进行的各种动作组合练习，可以提高练习者身体的柔韧性和灵活性，共四个8拍。

1. 动作方法

(1) 预备姿势：身体呈跪立。

(2) 第一个8拍：1拍，两臂前平举，掌心向下；2拍，两臂上举掌心相对；3拍，左腿向左侧伸出，呈直膝点地，同时两臂打开呈侧举；4拍，还原呈预备姿势；5拍，跪立，同时上体向左拧转，左手叉腰，右臂胸前平屈；6拍，跪坐，上体向右拧转，同时右臂伸直，打开呈侧举；7拍，跪立，同时两臂上举；8拍，还原呈预备姿势。

(3) 第二个8拍：1拍，两臂上举；2拍上体左侧屈，左臂体侧支撑，右臂上举；3拍与1拍动作相同；4拍与2拍动作相同，方向相反；5拍，跪立，两臂侧上举；6～7拍，抬头、挺胸，体后屈，同时两臂打开呈侧举；8 拍，还原呈预备姿势。

(4) 第三个 8 拍：1 拍，跪立，两臂前举；2 拍，左腿伸出，同时向左转 90 度，呈右腿单膝跪地，左腿直膝前点地，两臂侧平举；3 ～ 4 拍，体前屈，两手触左脚尖；5 ～ 6 拍，重心前移，左腿屈膝支撑压后腿，同时两臂侧举；7 拍，向右转，重心移至右腿，呈右腿单膝跪地，左腿侧点地，同时两臂侧举；8 拍，还原呈预备姿势。

(5) 第四个 8 拍：1 拍，跪撑，左腿后伸，直膝点地；2 拍，左腿屈膝前吸，同时低头、含胸；3 拍，还原呈 1 拍姿势；4 拍，左腿收回，跪撑；5 拍，还原呈 1 拍姿势；6 拍，左腿直膝后踢；7 拍，还原呈 1 拍姿势；8 拍还原呈跪撑。见图 4-3-2。

预备姿势

第一个8拍（1拍）

第一个8拍（2拍）

第一个8拍（3拍）

第一个8拍（5拍）

第一个8拍（6拍）

第一个8拍（7拍）

第二个8拍（1拍）

第二个8拍（2拍）

第一个8拍（5拍）

第二个8拍（6～7拍）

第三个8拍（1拍）

第三个8拍（2拍）

第三个8拍（3～4拍）

第三个8拍（5～6拍）

第三个8拍（7拍）

第四个8拍（1拍）

第四个8拍（2拍）

第四个8拍（4拍）

第四个8拍（6拍）

图 4-3-2

2. 技术要点

(1) 做转体和侧屈动作时，要做到最大程度。

(2) 身体重心保持平稳。

3. 错误纠正

练习时易出现身体姿势不正确，动作不到位等问题。因此，应规范动作，注意体会要领。

三、仰卧动作练习

仰卧动作练习是指练习者仰卧在体操垫上进行的各种动作组合练习,可以提高练习者身体的柔韧性和协调性,共四个8拍。

1. 动作方法

(1) 预备姿势：仰卧，两臂侧举平放。

(2) 第一个8拍：1拍，左腿屈膝收于胸前方，小腿平行于地面；2拍，还原呈预备姿势；3拍与1拍动作相同，方向相反；4拍，与2拍动作相同；5拍，左腿直膝上举，垂直于地面；6拍，右脚勾脚尖；7拍，还原呈5拍姿势；8拍，还原呈预备姿势。

(3) 第二个8拍：1～2拍，两腿屈膝，收腹至小腿平行于地面；3拍，两腿向左侧拧转，尽量使左腿外侧触地，上体保持不动；4拍，两腿还原，呈屈膝收腹姿势；5～6拍与3～4拍动作相同，方向相反；7～8拍，两腿缓慢放下，还原呈预备姿势。

(4) 第三个8拍：1拍，左腿直膝，向体侧打开至最大程度；2拍，左腿还原；3拍，左腿直膝上抬，至垂直于地面；4拍，左脚勾脚尖；5～6拍，左腿向体侧打开，接近地面；7～8拍，左腿沿地面收回，呈预备姿势。

(5) 第四个8拍：1拍，抬头、挺胸，胸部上顶；2拍，还原呈预备姿势；3～4拍，抬头、挺胸，做胸部波浪；5～6拍，两腿屈膝收至胸前方，两手抱小腿，低头、含胸；7～8拍，还原呈预备姿势。见图4-3-3。

预备姿势

第一个8拍（1拍）

第一个8拍（5～6拍）

第一个8拍（7拍）

第二个8拍（1～2拍）

第二个8拍（3拍）

第二个8拍（4拍）

第二个8拍（7～8拍）

第三个8拍（1拍）

第三个8拍（3拍）

第三个8拍（4拍）

第三个8拍（5～6拍）

第四个8拍（1拍）

第四个8拍（3～4拍）

第四个8拍（5～6拍）

图 4-3-3

2. 技术要点

（1）做转体和屈伸动作时，要做到最大程度。

（2）上体和下肢对抗用力时，要协调配合。

3. 错误纠正

练习时易出现身体姿势不正确，动作不到位等问题。因此，应规范动作，注意体会要领。

5 第五章 军体拳

军体拳是由踢、打、摔、拿、拧等单独动作，按照一定的原则组合而成的套路练习。军体拳的套路长短适中，动作精练，有技击含义，节奏分明，既能单人练习，又可集体表演。本章主要介绍军体拳的基本步形和套路动作等内容。

第一节 基本步形

基本步形是练习军体拳应该掌握的最基本的动作，可以起到塑造身体形态、培养良好气质的作用，包括弓步、马步、虚步、仆步、歇步和跪步等。

一、弓步

1. 动作方法

（1）以左弓步为例，左脚向体前迈一大步（为脚长的 4 ～ 5 倍），左脚尖内扣约 10 度，屈膝半蹲，大腿接近水平，小腿与脚面垂直。

（2）右腿挺膝伸直，右脚尖内扣 45 ～ 60 度，两脚全脚掌着地。

（3）左脚在前为左弓步，右脚在前为右弓步。见图 5-1-1。

2. 技术要点

挺胸、塌腰、沉髋，前后脚呈一条直线。

图 5-1-1

3. 错误纠正

练习时易出现身体重心不稳，动作做不到位等问题。因此，应规范动作，注意体会要领。

二、马步

图 5-1-2

1. 动作方法

(1) 两脚平行开立，距离约为脚长的 3 倍，脚尖正对前方。

(2) 屈膝半蹲，膝部不超过脚尖，大腿接近水平，两脚全脚掌着地。见图 5-1-2。

2. 技术要点

挺胸、塌腰，脚跟外蹬。

3. 错误纠正

练习时易出现身体重心不稳，动作做不到位等问题。因此，应规范动作，注意体会要领。

三、虚步

1. 动作方法

(1) 以左虚步为例，两脚前后开立，右脚外展 45 度，屈膝半蹲（高虚步后腿可以站直）。

(2) 左脚脚跟离地，脚面绷直，脚尖略内扣约 30 度，虚点地面，膝略屈，重心落于右腿。

(3) 右虚步与左虚步动作相同，方向相反。见图 5-1-3。

2. 技术要点

虚实要分明，挺胸、塌腰。

3. 错误纠正

练习时易出现身体重心不稳，动作做不到位等问题。因此，应规范动作，注意体会要领。

图 5-1-3

四、仆步

1. 动作方法

(1) 以右仆步为例，两脚开立，左腿屈膝全蹲，左大腿与左小腿紧靠，臀部接近左小腿。

(2) 左脚全脚掌着地，脚尖和膝关节外展，右腿挺直平仆，脚尖里扣，全脚掌着地。

(3) 左腿仆地为左仆步，右腿仆地为右仆步。见图 5-1-4。

图 5-1-4

2. 技术要点

挺胸、塌腰、沉髋。

3. 错误纠正

练习时易出现身体重心不稳，动作做不到位等问题。因此，应规范动作，注意体会要领。

五、歇步

图 5-1-5

1. 动作方法

(1) 以左歇步为例，两腿交叉靠拢全蹲，左脚全脚掌着地，脚尖外展。

(2) 右脚前脚掌着地，膝部贴近左腿外侧，臀部坐于右腿，接近脚跟处。

(3) 左脚在前为左歇步，右脚在前为右歇步。见图 5-1-5。

2. 技术要点

挺胸、塌腰，两腿并拢贴紧。

3. 错误纠正

练习时易出现身体重心不稳，动作做不到位等问题。因此，应规范动作，注意体会要领。

六、跪步

图 5-1-6

1. 动作方法

(1) 以左跪步为例,两脚前后开立，距离约为脚长的 2 倍，左腿屈膝下蹲。

(2) 右腿下跪，膝盖接近地面，脚跟离地，脚掌撑地，重心在两脚之间。

(3) 左脚在前为左跪步，右脚在前为右跪步。见图 5-1-6。

2. 技术要点

挺胸、塌腰，右腿不能跪在地上，重心在两腿之间或略前。

3. 错误纠正

练习时易出现身体重心不稳，动作做不到位等问题。因此，应规范动作，注意体会动作要领。

第二节 套路动作

军体拳套路动作的活动量大，对发展练习者的力量、耐力、速度等都有积极作用，可以起到锻炼身体、增强体质和防身自卫的作用。

一、预备姿势

图 5-2-1

1. 动作方法

（1）在立正姿势基础上，身体略向左转，同时右脚向右后方撤一步，两脚略呈“八”字形屈膝，重心大部分落于右脚。

（2）两手握拳，左上臂与肩同高，拳眼向内，右拳置于小腹前 10 厘米处，拳眼向上，自然挺胸、收腹，目视左拳。见图 5-2-1。

2. 技术要点

（1）身体重心要保持平稳。

（2）两脚前后拉开，两拳姿势要正确。

3. 错误纠正

练习时易出现身体姿势不准确等问题。因此，应掌握好动作要领，反复练习。

二、踏步右冲拳

1. 动作方法

(1) 右脚略前移，猛力下踏，同时左臂里摆，收于腹前，前臂略平，拳心向下，右拳收于腰间，左脚抬起。

(2) 左脚向左前方上步，屈膝，全脚掌着地，右脚前脚掌着地，膝盖向里呈跪步。

(3) 在左脚上步的同时，右拳猛力向体前冲出，同时左拳变八字掌护于右胸前方，掌心向右前方，指尖向上，目视前方。见图 5-2-2。

2. 技术要点

(1) 左手防守之后，迅速收于右胸前方。

(2) 重心降低要突然，右拳反击位置可选对方头、胸、腹部位。

3. 错误纠正

练习时易出现发力不当，动作僵硬等问题。因此，练习时应由慢到快，由不用力逐步过渡到用力，体会自然发力和徒手冲拳。

图 5-2-2

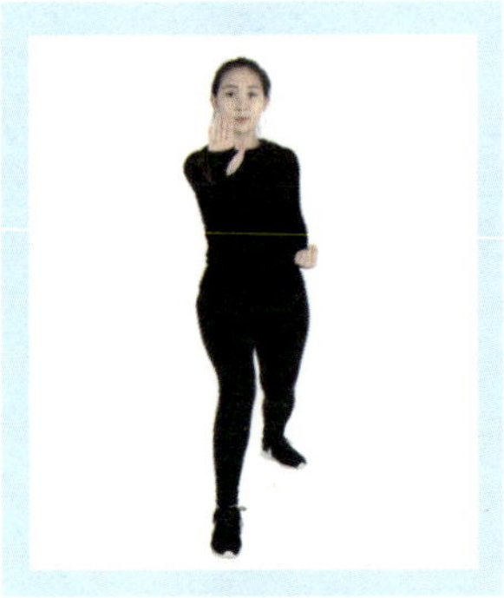

图 5-2-3

三、上步左冲拳

1. 动作方法

(1) 右脚向右前方上步，屈膝。

(2) 左脚前脚掌蹬地，身体右转，扭腰，左掌变拳向体前冲出，右拳变八字掌置于左胸前方，掌心向左前方，指尖向上，目视前方。见图 5-2-3。

2. 技术要点

(1) 右掌防守要果断，防守之后随即回护左胸前方。

(2) 左拳与跪步同时完成。

3. 错误纠正

练习时易出现发力不当，动作僵硬等问题。因此，练习时应由慢到快，由不用力逐步过渡到用力，体会自然发力和徒手冲拳。

四、弹腿右冲拳

1. 动作方法

(1) 右脚略前移，屈左膝前摆，两拳抱于腰间，右腿屈膝腾空，猛力向体前弹踢。

(2) 左脚落地的同时，右脚向前上步呈右弓步，同时右拳猛力向体前冲出，左拳变掌护于右胸前方，指尖向上，目视前方。见图 5-2-4。

图 5-2-4

2. 技术要点

(1) 上盘佯攻实击下盘，也可下盘佯攻实击上盘。

(2) 对方注意力分散，可直接进攻。

(3) 弹踢要突然，反击要果断、连贯。

3. 错误纠正

练习时易出现发力不当，动作僵硬等问题。因此，练习时应由慢到快，由不用力逐步过渡到用力，体会自然发力和徒手冲拳。

五、下击横勾

1. 动作方法

(1) 右脚进步，左脚跟进，同时右拳迅速由下向上勾击，左手抓握右手肘关节前部，目视前方。

(2) 右脚进步呈右弓步右横勾拳，左手抓握右手腕，目视前方。见图 5-2-5。

图 5-2-5

图 5-2-6

2. 技术要点

(1) 左上勾腹，迫敌下防，为右平勾拳创造空隙。

(2) 连击要快速，使对方无反击之机。

3. 错误纠正

练习时易出现发力不当，动作僵硬等问题。因此，练习时应由慢到快，由不用力逐步过渡到用力，体会自然发力和徒手冲拳。

六、下压反弹拳

1. 动作方法

(1) 右脚上步，左脚自然跟进呈右弓步，同时左掌向前上方下压。

(2) 右拳由下经上方翻拳，向体前猛力反弹，拳与头同高，拳背向前下方，力达拳背。

(3) 左掌护于右胸前方，目视前方。见图 5-2-6。

2. 技术要点

(1) 右手反弹与上步同时进行。

(2) 弹击要准确、迅猛，以弹击对方眼部、鼻部为佳。

3. 错误纠正

练习时易出现发力不当，动作僵硬等问题。因此，练习时应由慢到快，由不用力逐步过渡到用力，体会自然发力和徒手冲拳。

七、挑拨侧冲拳

1. 动作方法

(1) 身体重心后移呈右虚步，左掌心向前，沿右臂下方向前猛挑，同时右拳收抱于腰间。

(2) 左手里拨，并向前下方按掌。

(3) 上右脚，转体呈马步，同时右拳从腰间向右侧冲出，拳眼向下，左手立掌置于右胸前方，目视右拳。见图 5-2-7。

2. 技术要点

挑或拍臂要及时，击对方腹部要准确、迅猛、有力。

3. 错误纠正

练习时易出现动作不连贯等问题。因此，练习时应由慢到快，体会动作与动作之间的衔接关系。

图 5-2-7

八、歇步勾亮掌

1. 动作方法

(1) 左腿向右后方叉步，两腿下蹲成歇步，同时左臂上架亮掌，掌心向前上，指尖向右。

(2) 右手变勾手，经前下方向后猛勾，勾尖向上，目视右方。见图 5-2-8。

图 5-2-8

2. 技术要点

歇步在实战中无现实意义，可由丁步、跪步等代替。

3. 错误纠正

练习时易出现动作不连贯等问题。因此，练习时应由慢到快，体会动作与动作之间的衔接关系。

九、虚步上冲拳

1. 动作方法

(1) 起身提右脚，向左脚内侧猛力踏地，同时左脚向体前迈步，呈左高虚步，右手变拳，由下方沿体侧用力向上冲拳，拳心向里。

(2) 左掌向下置于右胸前方，掌心向右，指尖向上，目视左方。见图 5-2-9。

图 5-2-9

2. 技术要点

(1) 左掌拍击与左侧闪身要同时进行。

(2) 上步与反击要同时进行。

3. 错误纠正

练习时易出现动作不连贯等问题。因此，练习时应由慢到快，体会动作与动作之间的衔接关系。

十、掳抓侧冲拳

1. 动作方法

(1) 左脚向左侧跨一大步，同时左手向左掳，右拳收抱于腰间。

(2) 左手抓拉变拳收抱于腰间，同时冲右拳呈左弓步，拳心向下。

(3) 身体右转呈马步，同时收右拳于腰间，左拳向左侧冲出，目视左拳。见图 5-2-10。

图 5-2-10

2. 技术要点

弓马变换连环击打要快，不给对方喘息机会。

3. 错误纠正

练习时易出现发力不当，动作僵硬、不连贯等问题。因此，练习时应由慢到快，由不用力逐步过渡到用力，发力时要注意蹬腿扭腰的力量，体会动作与动作之间的衔接关系。

十一、盖步右靠肘

1. 动作方法

身体左转呈盖步，同时右臂屈肘前靠，左手紧握右手腕，目视右肘。见图 5-2-11。

2. 技术要点

右肘攻击要运用蹬腿、拧腰、转体之合力。

3. 错误纠正

练习时易出现发力不当，动作僵硬、不连贯等问题。因此，练习时应由慢到快，由不用力逐步过渡到用力，发力时要注意蹬腿扭腰的力量，体会动作与动作之间的衔接关系。

图 5-2-11

十二、蹬腿马步挂

1. 动作方法

(1) 起身，两前臂交叉，两手变立掌，略屈肘于胸前方，向两侧分开，两掌略宽于肩，起右脚向体前蹬击。

(2) 右脚向体前落地，右掌变拳，转体呈马步，同时右拳向前下方盖打，经体前向右侧翻拳，略屈肘，拳心向内上方，左掌扶于右肘处，目视右拳。见图 5-2-12。

图 5-2-12

2. 技术要点

(1) 右脚蹬击后要向对方左侧落脚，以便实施连续反击。

(2) 对方若用左拳或右拳攻击，可用右掌或左掌防守。

3. 错误纠正

练习时易出现发力不当，动作僵硬、不连贯等问题。因此，练习时应由慢到快，由不用力逐步过渡到用力，发力时要注意蹬腿扭腰的力量，体会动作与动作之间的衔接关系。

十三、挑臂右砸肘

1. 动作方法

(1) 左掌沿右前臂下方向前挑，右臂收回，屈肘上举的同时抬右腿屈膝。

(2) 右脚下踏呈马步，同时右前臂垂直向下砸肘，右肘离腹部约 20 厘米，拳心向里，屈左臂，掌心向下，手指触及右肘关节处，目视右肘。见图 5-2-13。

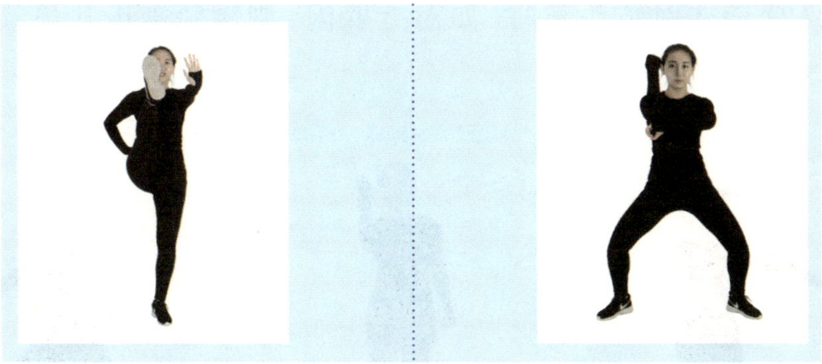

图 5-2-13

2. 技术要点

控制对方左臂后，身体应向左转并向后拉，使肘尖面向上。

3. 错误纠正

练习时易出现发力不当，动作僵硬、不连贯等问题。因此，练习时应由慢到快，由不用力逐步过渡到用力，发力时要注意蹬腿扭腰的力量，体会动作与动作之间的衔接关系。

十四、鞭拳转身盖

1. 动作方法

(1) 左脚向右后方叉步，同时右拳向右下方猛摆，拳心向里，左臂屈肘，左掌变拳摆于胸前，拳眼向里。

(2) 上体向左后转 270 度呈左弓步，左臂挡架后摆，同时右臂抡压下盖，拳心向内下方，目视右拳。见图 5-2-14。

2. 技术要点

(1) 左叉步与右撩拳同时完成。

(2) 盖击对方头部时，如对方躲闪，则顺势盖击其颈部或肩部。

图 5-2-14

3. 错误纠正

练习时易出现发力不当，动作僵硬、不连贯等问题。因此，练习时应由慢到快，由不用力逐步过渡到用力，发力时要注意蹬腿扭腰的力量，体会动作与动作之间的衔接关系。

十五、右格左冲拳

图 5-2-15

1. 动作方法

(1) 上右脚呈右弓步，同时右臂向前上方挡架，拳眼向下。

(2) 左拳从腰间向体前冲出，拳眼向下或向右，目视前方。见图 5-2-15。

2. 技术要点

(1) 格挡要做到迅速、有力。

(2) 力求做到防守与反击同时进行。

3. 错误纠正

练习时易出现发力不当，动作僵硬、不连贯等问题。因此，练习时应由慢到快，由不用力逐步过渡到用力，发力时要注意蹬腿扭腰的力量，体会动作与动作之间的衔接关系。

十六、左格右冲拳

1. 动作方法

(1) 上左脚呈左弓步，同时左臂向前上方挡架，拳眼向内下方。

(2) 右拳从腰间向体前冲出，拳眼向下或向左，目视前方。见图 5-2-16。

图 5-2-16

2. 技术要点

(1) 格挡要做到迅速、有力。

(2) 力求做到防守与反击同时进行。

3. 错误纠正

练习时易出现发力不当，动作僵硬、不连贯等问题。因此，练习时应由慢到快，由不用力逐步过渡到用力，发力时要注意蹬腿扭腰的力量，体会动作与动作之间的衔接关系。

十七、侧踹双弹腿

1. 动作方法

(1) 以左脚跟为轴，脚尖向外，上体左转，两前臂交叉于胸前，左臂在里。

(2) 右腿屈膝抬起，两臂上下交错，左手向上亮掌（拳），右臂下格外摆，同时右脚向右侧踹出，约与腰同高，迅速回收，目视右前方。

(3) 右脚向右侧跨步，同时两前臂交叉于胸前，离胸前约 20 厘米，左臂在外。

(4) 两腿向两侧用力弹踢呈马步，两臂屈肘，拳眼相对，拳约与肩同高，目视左拳。见图 5-2-17。

2. 技术要点

格挡与侧踹要及时、连贯，踹胸要迅速到位，并注意保持身体平衡。

图 5-2-17

3. 错误纠正

练习时易出现发力不当，动作僵硬、不连贯等问题。因此，练习时应由慢到快，由不用力逐步过渡到用力，发力时要注意蹬腿扭腰的力量，体会动作与动作之间的衔接关系。

十八、左右冲锋抛

1. 动作方法

(1) 左脚略左移，身体左转呈左弓步，同时左臂向前上方摆，右拳由后向下，经左前方向右上方抛，拳心向左后方。

(2) 上右脚呈右弓步，同时右臂向下后摆，左拳由后经右前方向左上方抛，拳心向右后，目视前上方。见图 5-2-18。

2. 技术要点

(1) 判断准确，动作迅速，斜上步要注意角度。

(2) 抛拳后，应以腿或拳进行快速反击。

3. 错误纠正

练习时易出现发力不当，动作僵硬、不连贯等问题。因此，练习时应由慢到快，由不用力逐步过渡到用力，发力时要注意蹬腿扭腰的力量，体会动作与动作之间的衔接关系。

图 5-2-18

十九、盖拳退步勾

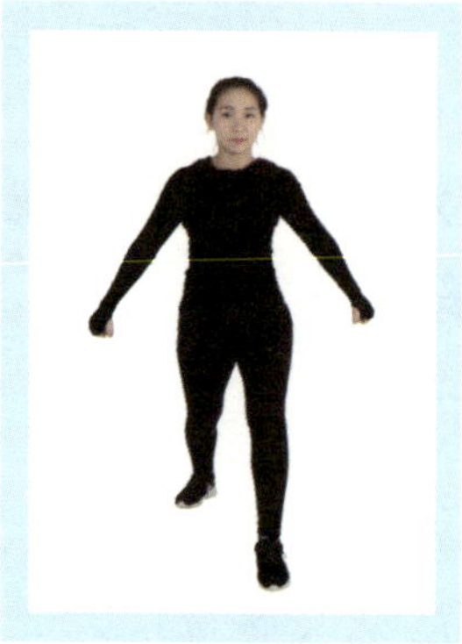

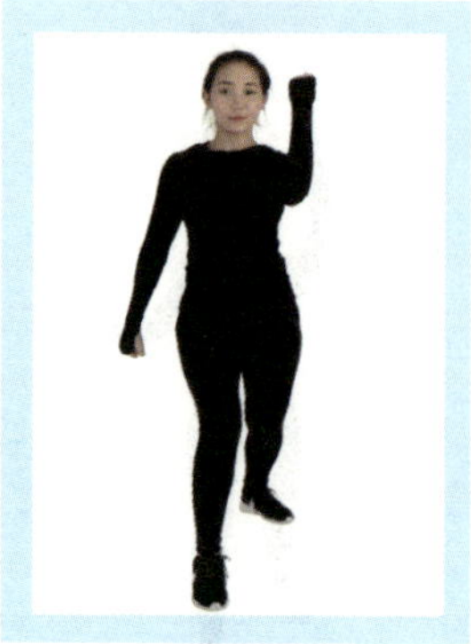

图 5-2-19

1. 动作方法

(1) 上左脚呈左弓步，同时右臂以肩关节为轴，由后向前下方猛盖，拳与左膝同高，拳心向内下方，左臂以肩关节为轴，向前、向下、向后摆，拳心向内上方，目视右拳。

(2) 退左脚呈右弓步，同时左拳由后经上方向前上方勾拳，拳与下颌同高，拳心向里，右臂由下向上、向后摆，拳心向内下方，目视前方。见图 5-2-19。

2. 技术要点

(1) 右脚上步与右拳拍按对方拳同时完成。

(2) 右弓步与左盖拳同时完成。

3. 错误纠正

练习时易出现发力不当，动作僵硬、不连贯等问题。因此，练习时应由慢到快，由不用力逐步过渡到用力，发力时要注意蹬腿扭腰的力量，体会动作与动作之间的衔接关系。

二十、左弓双砍掌

1. 动作方法

(1) 上体略左转，左脚前移呈左虚步，同时两拳变掌收于右腰间，左掌心向上，右掌心向上。

(2) 上左脚呈左弓步，同时两掌向前平砍，右掌心向上，左肘略屈，掌心向下，目视前方。见图 5-2-20。

2. 技术要点

防守反击时，动作要连接紧密，砍击位置要准确。

3. 错误纠正

练习时易出现发力不当，动作僵硬、不连贯等问题。因此，练习时应由慢到快，由不用力逐步过渡到用力，发力时要注意蹬腿扭腰的力量，体会动作与动作之间的衔接关系。

图 5-2-20

二十一、右弓双砍掌

1. 动作方法

(1) 右后转体约 180 度呈右虚步，同时两掌收于左腰间，右掌心向左，左掌心向右。

(2) 上右脚呈右弓步，同时两掌向前平砍，左掌心向右，右肘略屈，右掌心向左，目视前方。见图 5-2-21。

2. 技术要点

防守反击时，动作要连接紧密，砍击位置要准确。

3. 错误纠正

练习时易出现发力不当，动作僵硬、不连贯等问题。因此，练习时应由慢到快，由不用力逐步过渡到用力，发力时要注意蹬腿扭腰的力量，体会动作与动作之间的衔接关系。

图 5-2-21

图 5-2-22

二十二、搪砍右穿掌

1. 动作方法

（1）起身呈右弓步，同时右手向后搪，置于右肋处，掌心向前，左手向左侧伸直，并经左向右上方猛砍，掌心向下。

（2）右掌经左掌上方猛穿掌，掌心向内上方，抬左腿，屈膝，绷脚尖，同时左手收于右胸前方，掌心向右，目视右掌。见图 5-2-22。

2. 技术要点

（1）提膝穿喉意在增加攻击纵深，必要时可配合垫步追击。

（2）实用技法可以左右互换使用。

3. 错误纠正

练习时易出现动作不准确，不理解动作的性质和作用等问题。因此，应根据动作的攻防含义，理解动作的实用意义，通过两人攻防配合，熟悉动作的方向路线。

二十三、掳砍左穿掌

1. 动作方法

(1) 右脚向右侧跨步，右转体 90 度，上左脚。

(2) 动作不停，右转体，右掌随转体横砍，掌心向前。

(3) 左掌经右掌向前上方穿掌，掌心向下，同时抬右腿，屈膝，绷脚尖，收右掌于左胸前方，掌心向下。见图 5-2-23。

图 5-2-23

2. 技术要点

提膝穿喉意在增加攻击纵深，必要时可配合垫步追击。

3. 错误纠正

练习时易出现动作不准确，不理解动作的性质和作用等问题。因此，应根据动作的攻防含义，理解动作的实用意义，通过两人攻防配合，熟悉动作的方向路线。

二十四、仆步勾挑裆

1. 动作方法

（1）右脚向右侧落地呈右仆步，同时左掌变勾，勾尖向上，右掌置于左胸前方，掌心向左下方。

（2）右掌指尖向前，小指一侧向下，向前穿至右脚外侧，目视右掌。见图 5-2-24。

图 5-2-24

2. 技术要点

闪躲要及时，挑击要准确到位。

3. 错误纠正

练习时易出现动作不准确，不理解动作的性质和作用等问题。因此，应根据动作的攻防含义，理解动作的实用意义，通过两人攻防配合，熟悉动作的方向路线。

二十五、飞脚盖步冲

1. 动作方法

(1) 随重心前移起身，动作不停，右臂向前经上方向后、向下绕环，左臂由后经下方向前、向上绕环，两臂绕环的同时上左脚。

(2) 动作不停，右臂再由下方向前、向上、向后 360 度绕环，左臂由上方向后、向下、向前 360 度绕环，两臂绕环的同时上右脚。

(3) 左腿向体前抬起屈膝，右脚猛力蹬地跳起，腾空向体前弹腿，同时右臂上摆，左臂下摆拍击右手背，右手拍击右脚面。

(4) 左、右脚落地后，左拳由腰间冲出，右拳收抱腰间呈右盖步，目视左拳。见图 5-2-25。

2. 技术要点

通常左腿击虚，右腿为实，一旦左腿击中，则变虚为实。

3. 错误纠正

练习时易出现动作不准确，不理解动作的性质和作用等问题。因此，应根据动作的攻防含义，理解动作的实用意义，通过两人攻防配合，熟悉动作的方向路线。

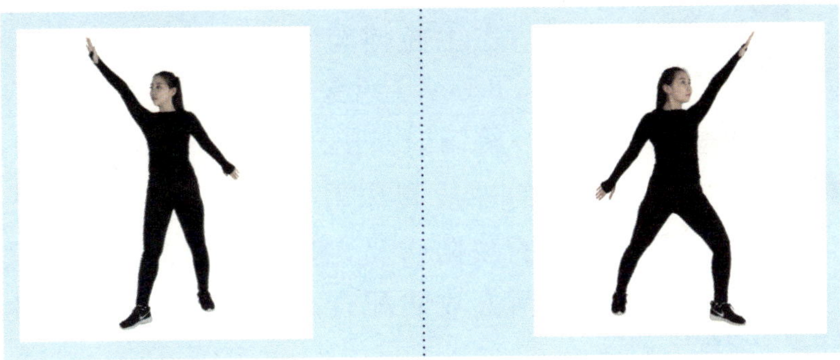

图 5-2-25

图 5-2-26

二十六、转身右砸肘

1. 动作方法

略起身，左脚向右侧插步，身体左转270度，左拳变掌，随转体抓拉收抱腰间呈左弓步，右臂随转体略屈肘，向右侧猛砸，肘离身体约20厘米，前臂略平，拳心向上，目视右拳。见图5-2-26。

2. 技术要点

左手拉伸与右上步同时进行。

3. 错误纠正

练习时易出现动作不准确，不理解动作的性质和作用等问题。因此，应根据动作的攻防含义，理解动作的实用意义，通过两人攻防配合，熟悉动作的方向路线。

二十七、侧蹬转身冲

1. 动作方法

(1) 目视右方，重心前移至左腿，右腿抬起向后蹬，并迅速收回。

(2) 右后转体 180 度，右脚踏地，左脚提起，两拳抱于腰间。

(3) 上左脚呈左弓步，同时两拳由腰间向体前冲出，拳心向下，两拳与肩同宽、同高，目视前方。见图 5-2-27。

图 5-2-27

2. 技术要点

进攻时要主动，对方出现空当，应立即发腿蹬踹。

3. 错误纠正

练习时易出现动作不准确，不理解动作的性质和作用等问题。因此，应根据动作的攻防含义，理解动作的实用意义，通过两人攻防配合，熟悉动作的方向路线。

二十八、结束姿势

1. 动作方法

(1) 左脚略后移呈左虚步，同时两拳向下，经后方向前上方外翻，两前臂距离与肩同宽，略屈肘，拳心向内上方，拳与下颌同高，目视两拳。

(2) 左脚后退一步，两拳收抱于腰间，右脚并于左脚呈立正姿势，目视前方。见图 5-2-28。

2. 技术要点

身体重心要平稳。

3. 错误纠正

练习时易出现动作不准确，不理解动作的性质和作用等问题。因此，应根据动作的攻防含义，理解动作的实用意义，通过两人攻防配合，熟悉动作的方向路线。

图 5-2-28